西部
文化
旅游丛书 LüYOU CONGSHU
XIBU WENHUA

西部文化旅游丛书 LüYOU CONGSHU

XIBU WENHUA

人人心中有个藏经洞

RENREN XIN ZHONG YOUGE CANGJINGDONG

黄沙宝藏的千年之谜

嘻夫子◎著

敦煌文艺出版社

图书在版编目（C I P）数据

人人心中有个藏经洞 / 嘻夫子著. -- 兰州 : 敦煌文艺出版社, 2019.12
ISBN 978-7-5468-1852-8

Ⅰ. ①人… Ⅱ. ①嘻… Ⅲ. ①敦煌石窟－图集 Ⅳ. ①K879.212

中国版本图书馆 CIP 数据核字 (2019) 第 281650 号

西部文化旅游丛书

人人心中有个藏经洞

嘻夫子 著

项目策划：杨继军
项目负责：田 园 马吉庆
项目统筹：马吉庆 徐 淳
责任编辑：余 岚
装帧设计：吉 庆

敦煌文艺出版社出版、发行
地址：（730030）兰州市城关区读者大道 568 号
邮箱：dunhuangwenyi1958@163.com
博客（新浪）：http://blog.sina.com.cn/lujiangsenlin
微博（新浪）：http://weibo.com/1614982974
0931-8773148（编辑部） 0931-8773112（发行部）

兰州银声印务有限公司印刷
开本 787 毫米 ×1092 毫米 1/16 印张 12.5 字数 189 千
2020 年 1 月第 1 版 2020 年 1 月第 1 次印刷
印数：1～2 500

ISBN 978-7-5468-1852-8
定价：68.00 元

目 录 | CONTENTS

第三章　鬼斧神工——石窟与雕塑

第四章　满壁生辉——敦煌壁画

第五章　叹为观止——敦煌藏经洞

第六章　彪炳史册——敦煌痴人

第七章　笔头千字——敦煌碎语

第一章　惊鸿一瞥
——敦煌初见

单元案头

敦煌莫高窟安坐于中国的西北边陲，走向它，首先看到的是环绕着它的沙尘与碎石，而走进它，映入眼帘的却如同一个与世隔绝的桃源，无数前辈先贤在这里编织了一场瑰丽幽独的千年长梦。史苇湘先生和欧阳琳先生曾说："请陇右文化跨出象牙之塔，让敦煌艺术走向十字街头。"如今的敦煌正阔步向我们走来，我们也更应怀着一颗赤诚之心向它走去。

敦煌位于甘肃省河西走廊的西部，南枕祁连，北襟西域。雪山、清泉、鸣沙、党河，它有山水相伴；阳关、玉门、伊西、漠北，它与朔漠为邻。敦煌宛如一颗璀璨的明珠，在岁月的打磨下熠熠生辉。漫漫黄沙飞扬，铛铛驼铃声脆，让我们循着先祖的足迹，一起慢慢走近敦煌。

一、命名寄寓之意

季羡林先生曾说，"世界上历史悠久、地域广阔、自成体系、影响深远的文化体系只有四个：中国、印度、希腊、伊斯兰，再没有第五个；而这四个文化体系汇流的地方只有一个，就是中国的敦煌和新疆地区，再没有第二个。"

张骞出使西域图

敦煌作为这样一个多元文化交融的地区，以其传奇的历史、灿烂的文明、绚丽的遗迹、神秘的传说吸引着世人不断去探索、追寻。而初识敦煌，则免不了有这样一问：敦煌，由何得名？又包含有什么寓意？

“敦煌”一词的记载，最早可以追溯到汉代。司马迁在《史记·大宛列传》中记载，张骞出使西域归来后，向汉武帝报告西域情况时介绍了大月氏这个民族：“始月氏居敦煌、祁连间”。可见，在西汉时期，就已经有了汉文“敦煌”这个地名的记载。而关于“敦煌”二字的来源和含义，古今中外的学者们众说纷纭。

在古代，人们习惯从汉语的字面意义来解释“敦煌”。从汉代起，“敦煌”这两个字就是“繁盛”之意的代表。东汉时期，应劭在为《汉书》注音释义时解释道：“敦，大也，煌，盛也。”也就是说，“敦煌”是宏大、昌盛的意思。这一说法得到了历代学人的认可和推崇，影响颇广。唐代的李吉甫也曾在《元和郡县图志》中提到：“敦，大也，以其开西域，故以盛名”。这一解释除了表明敦煌名称中蕴含的“盛大雄伟”意义外，还指出了它在地理上对于沟通西域所起到的重要作用。从古人的寥寥数语之间，我们似乎已经可以想象到当时的敦煌拥有怎样的盛景："车马相交错，歌吹日纵横。""美人当窗舞，妖姬掩扇歌。"……繁华，富饶，包容，引人遐思。

而现代学者则普遍认为，"敦煌"地名的词源应该是汉朝以前的当地少数民族语言的汉语音译。但究竟是何民族、是何语言，学界还存在着不小的争议。如日本的西域史研究专家藤田丰八认为，敦煌可能是当时居住于此的月氏族的音译；我国学者王宗维则认为，敦煌可能是古代民族"吐火罗"的一种音译，这一观点源自《山海经》中将吐火罗人称为"敦薨"（在今新疆焉耆与罗布泊之间）的说法，由此可以推论敦煌可能是与之相同的另一个译名；此外，我国历史学家岑仲勉认为敦煌的词源是"桃花石"；李得贤则认为敦煌是"朵航"，源自古代美人的语言，是诵经处的意思……

总之，尽管在不同的历史时期、不同的研究领域，人们对"敦煌"名称的解释有所差异，但无论是把它看作少数民族语言的音译，还是为它寄寓美好宏大的含义，最后都有着异曲同工之妙。总体来讲，"敦煌"二字，展现着气势如虹、开放包容的华夏文明。进一步说，它集合了人类智慧、大国风度以及盛世气象。作为"丝绸之路"交通的咽喉襟带，敦煌是中原与西方经济文化交流、各民族交往的重镇，是当之无愧的繁荣"枢纽"。其瑰丽多彩的文化更为璀璨，是中华、印度、希腊和伊斯兰文化碰撞交融的结晶，包容了儒、道、佛、摩尼、景教、祆教之精华，保存了古代汉、藏、梵、回鹘、于阗、粟特、西夏、吐火罗等语言文字，是名副其实的世界文化遗产宝库。在这里，我们可以看到不同的民族、教派、文明、艺术，它们彼此交汇、集聚一堂；在这里，我们可以看到人类源远流长、绚丽多姿的文化脉搏的不息跳动。大也，盛也，不仅仅是古代敦煌在历史画卷中的留影，更是如今我们重见敦煌时发出的由衷感叹。

链　接

敦煌，这两个字承载着厚重的历史和希望，蕴含着万千文化的精髓。这里的每一捧沙都见证过僧侣虔诚的吟诵，每一弯水都聆听过异域神秘的乐章。我们的祖先以最气势磅礴的文字为其命名：敦煌，大也，蕴大国之风度；盛也，展盛世之气象！

二、先民移居之地

文化是人的制造品和传承品，了解文化，首先要了解开发此地、创造文化的先民们。“丝绸之路三千里，华夏文明八千年”，作为华夏文明的重要发祥地，甘肃的历史悠久、底蕴深厚不需多言。坐落于甘肃的敦煌，更是早在上古时期，就已经有了先民的足迹。

在距今大约四千年前的尧、舜、禹传说时代，各部族之间常发生互相争夺资源、财富、人口的战争。优胜劣汰，弱肉强食，在这样的生存法则之下，较强大的部族不断征服较弱小的部族，并将战败者流放至尚未开垦的蛮荒之地。敦煌，就这样迎来了它的第一批居民。中国现存最早的史书《尚书》中记载：“流共工于幽州，放驩兜于崇山，窜三苗于三危，殛鲧于羽山，四罪而天下咸服。”即舜向尧帝建议，将四恶“共工、驩兜、三苗、鲧”流放在四方，来改变当地的风俗。这其中提到的“三苗”，就是指在与中原部族的战争中落败的三苗部族。他们原本居住在气候温润的江淮流域，由于在战争中被打败却又不甘臣服、时时反抗，被舜、禹先后流放到荒芜偏远的西北地区，被迫迁徙至浩瀚大漠之中，也就是今天的敦煌一带。“三苗”在此开始了艰难的生活，敦煌却因此迎来了日后的盎然生机。

当然，这里的居民成分也在随时代不断变化着的。敦煌东连酒泉、张掖、武威，可通中原腹地；西接天山，直趋中亚、西亚；南与青藏高原毗邻，北与

莫高窟第 23 窟法华经变之雨中耕作图

蒙古高原接壤。作为连接几大地理板块的“枢纽”，敦煌在历史上成为一个多民族频繁往来、迁徙、交流、争斗、融合的地区。先秦时期，敦煌活跃着各族的百姓，其中主要有月氏、乌孙和塞种等族。物竞天择，随着时间的发展，月氏一族不断壮大，击败了居住在敦煌的羌戎族，并将其吞并。而乌孙和塞种等族则大多为了不被亡族灭种而四散逃亡，离开了敦煌。到了西汉时期，王朝一统，实力强大。出于军事战略需要，西汉王朝不断向敦煌移民，让他们“屯田戍边”，一边开垦荒地、进行劳作，一边保家卫国、驻守边疆。史书记载，屯田戍边的人员主要分为两种，一种是戍守边关的将士，一种是普通百姓和移民。而移民的组成也很复杂，大量的移民是朝廷的罪犯。比如汉武帝时期，太子叛乱失败后，“太子党”中的将士、官员们就都被流放到了敦煌。由此可见，自“窜三苗于三危”始，敦煌便聚集着来自四面八方的戍卒、流民和朝廷罪犯，而这些陆陆续续从中原迁徙过来的民众，成为敦煌人口的主要组成部分。

无论是犯了过失的罪犯还是戍守边疆的兵士，他们都历经过中原的繁华，也感受过西域的荒凉；他们体会过沾衣不湿的杏花微雨，也经受了凛冽如刀的朔漠寒风；他们深受农耕文化的影响，也在不断地与草原文明融合。他们中的一部分人也许是“不甚安分”的“奸猾吏民”，但同时他们又是最富有胆量和创造力的一群人。他们，将建造一个奇迹，将见证一个熠熠生辉的敦煌的诞生。

在有了最初的居民之后，敦煌之所以能走向繁盛，还依赖于它优越的地理环境。第一，它是茫茫戈壁中的一片绿洲，这里有水，有维系人类正常生活的生命之源。茫茫沙漠中，绿洲就是水源的象征。在关外无边无际的戈壁与沙碛里，河西走廊长约一千公里，宽数公里至近二百公里，是一条狭长的冲积平原，也是一条醒目的“绿洲带”。敦煌，就位于河西走廊的西端，这里有丰富的水资源，土地肥沃，水草丰美，是非常适合人类居住的农牧业区。第二，它有重要的战略地位。敦煌自汉代以后，归入了中原王朝的版图，成为沟通中原与西域的门户和边陲重镇。对外来说，敦煌与酒泉、张掖、武威连成了一条阻断羌人和匈奴的“隔离带”，断其一臂，使匈奴无法联系羌人一起对中原地区进行滋扰。对内来说，敦煌保卫着陇右地区，是汉廷控制西域的一个重要据点。它不仅能够有力地防御匈奴的进攻，还能作为大军的集结地和出发地，支援汉廷的主动出击，负责提供武器粮草。盛唐时期，大唐在西域设置安西都护府与安西四镇，唐廷与西突厥余部及新兴起的吐蕃产生了多起争夺战，敦煌成为兵家之冲要、西部之重镇。同时随着一些小国纷纷归附，往来通商络绎不绝，对敦煌经济的崛起也起到了重要作用。第三，它是丝绸之路的咽喉和交汇点。可以说，敦煌是丝绸之路上的一个最重要的驿站。丝绸之路开通后，中国的丝绸、瓷器、茶叶源源不断地运往西方，同时来自西方各国的奇珍异宝、佳果猛禽也流通至中原。位于丝绸之路干线上的敦煌，交汇着中西方的商品和文化，一方面在经济上中转商品、开放集市，成为贸易中心；另一方面在文化上始终多元、包容，与中原同步发展。第四，它在中原大乱时可以偏安发展。汉朝对于敦煌的开拓

莫高窟第 12 窟 南壁作战图

和经营为日后敦煌的发展打下了坚实的基础，东汉以后，中原进入了一段长时间的纷争战乱时期。然而在这种背景下，敦煌却由于远离中原、相对“天高皇帝远”，免于历经战火，获得了可以偏安发展的一段稳定时期。在此期间，不少中原士人携带着儒家典籍随流民逃入敦煌，也为当地教化百姓、改善民风起到了推动作用。以上种种条件，使得先民扎根的这块土壤——敦煌，成为东西方文化的交汇点和积淀处。可以预见到，厚积薄发后，这里终将绽放出耀眼的光芒。

链 接

了解敦煌最初的居民，了解使敦煌文化繁盛的种种因素，才能进一步走进敦煌。“移民”的性质，使得敦煌的先民们不甘安于现状，他们想要改变、想要创造、想要将这片荒凉的土地建设成为美丽富饶的家园。地理位置优越、经济文化繁荣的敦煌，将是他们大展拳脚的舞台！

三、敦煌佛光之始

宗教，特别是佛教，对于敦煌的影响是巨大的。中原文化在敦煌生根发芽、茁壮成长的同时，发源于印度的佛教文化和其凿窟造像艺术也通过丝绸之路传到了敦煌。

据《高僧传》的记载，印度高僧竺高座于公元 244 年前后，在敦煌收世居于此的月氏人法护为徒。法护随师姓“竺”，他 8 岁即出家，具有过目不忘的能力，读经能日诵万言。当时中原地区虽然礼拜寺庙、佛像，然而大乘经典未备，竺法护立志西行，不辞辛劳，万里寻师，携带大批经典返回东土，在敦煌、长安、洛阳等地传教译经，成为中国佛教史上伟大的译经大师，又被人们称为

莫高窟第 130 窟　大佛（盛唐　吴健摄影）

“敦煌菩萨”。他的弟子竺法乘也在敦煌建寺立院，弘扬佛法，加深了佛教对敦煌民众的影响。

及至东晋十六国时期，佛教发展迅速，西行求法、东来传教的僧人不断往来于敦煌。作为中西交通的枢纽、华戎相交的都会，敦煌与佛教也产生了奇妙的碰撞，出现了单道开、竺昙猷、释道法、昙摩蜜多等以修习禅定见著的高僧。

修习禅定需要安静的环境，因而禅僧经常离开城市选择人迹罕至之处开窟建寺。古代西域的石窟寺，受此影响，也大多选择在荒凉偏远的山谷里开凿，有僧房“毗诃罗”和塔庙“支提”两种形制，分别供僧侣修行和供信徒绕塔巡礼。这就不得不提到敦煌的代表——莫高窟——的诞生了。

“莫高窟”第一个洞窟的诞生，更像是敦煌与佛邂逅的一个“意外”。大约在1600多年前，中原正处于十六国的混乱时期，当时的敦煌隶属于前秦。像许多僧人一样，乐僔和尚不畏万里行程，一路跋涉，自东至西进行游历与修行。他的生卒年不详，但他却和公元366年紧密联系在一起，载于史册。据唐《李克让重修莫高窟佛龛碑》一书的记载，公元366年的一天，乐僔和尚手持禅杖，西游至敦煌。此时正值黄昏，落日即将沉入戈壁瀚海，乐僔立于三危山与鸣沙山之间的大泉河畔，夕阳洒下金辉，万千世界，他独与敦煌“目成”。当三危山光芒闪烁、金光耀眼时，他满心是佛、满眼是佛，此刻万千佛像高耸，正倒映在眼前大泉河的粼粼波光中。他修行多年，试图寻找一个清静礼佛的养心之处，以悟佛法真谛。这一刹那，乐僔见性成悟，感召佛法，决定不再远行，留在此处。乐僔所奉之佛，不是“唯我独尊”的佛，而是代表着过去、现在和未来的万千大佛。同时，他认为不只有释迦能成佛，只要有诚心、有善念、有佛性，人人都能成佛，众生均是平等，道法尽是自然。潜心修行的和尚有机会悟道成佛，国王、太子也可以开悟成佛，芸芸众生一样也能立地成佛！他再次注视这处断崖，也再次审视自己的内心，决定“架空凿险，造窟一龛”，以期度化众生。乐僔募人在三危山对面的岩壁上修凿了一个洞窟，以求在此修炼，时时瞻仰“佛光”。

不久后，敦煌又迎来了另一位高僧——法良禅师。他不畏艰辛跋涉，一路追随着自己内心的信仰前行，云游各方。当他来到鸣沙山前，看到了乐僔所造的洞窟时，内心感到惊诧不已，便在鸣沙山的崖壁上，开凿了第二个石窟。当时佛教和佛教艺术已经颇为盛行，再加上人们对此地“金光千佛”的宣传，自此，

莫高窟第 61 窟西壁　五台山图之大佛光之寺（五代　吴健摄影）

历代对莫高窟的修造不断，僧侣、朝拜者、香客络绎不绝，信仰佛教的人们为了供佛、修炼，而纷纷在这里开凿洞窟。

“莫高窟”三字最早出现在隋朝建造的第 423 窟内的《莫高窟记》中。由于年代久远，篇中许多字迹已经模糊脱落，然而标题“莫高窟记”却清晰可见，“不生不灭，不垢不净，不增不减”，似乎静静等待着后人揭开它神秘的面纱。而关于莫高窟的得名，历史上存在着诸多说法。有人认为，莫高山就是乐僔和尚看到的那巨大的断崖，是被佛祖庇佑的神山。还有人认为，莫高窟身处茫茫大漠之中，古汉语中“漠”“莫”二字是通用的，因此将沙漠之中在高处开凿的石窟叫作“漠高窟”，之后渐渐演化为“莫高窟”。而在民间最通行的说法则是：建造佛窟，宣扬佛法，是佛教中最高的修为。“莫”是“不可能、没有”的意思，莫高窟是说没有人比修建者的道行更高了，这也就是在纪念修为和功绩都“莫高于此”的乐僔和法良和尚。乐僔与法良一同被尊为莫高窟建窟的鼻祖，后人多次重申两人在敦煌的地位："乐僔、法良发其宗""伽蓝之建，肇于二僧"。

关于乐僔、法良最初开凿的石窟具体是哪两个，现在已无法准确断定，据专家推测可能是第268和275号洞窟。其实，乐僔、法良开凿的洞窟究竟是哪个已不重要，重要的是高僧们留存于此的思想。敦煌历代所建的洞窟和佛像、壁画，无时无刻不在为世人阐释宣扬着"众生皆有灵，皆可成佛"的理念，指引着一代又一代虔诚的信徒找到自己修行的方向。

链 接

自远古时期始，敦煌从繁星点点的夜一路奔波，终于看到了佛祖的光。敦煌跋过空间的山岳，又涉过时间的河流，经历过无数次阴晴月缺，目睹了无数次悲欢离合，时光如梭，多少王朝作了古，多少红颜将相没了影，而敦煌，寝馈佛恩，淘尽千载风尘，依旧端立无边无涯的黄沙大漠中拈花不语。敦煌佛光初现，普照中国大地……

四、敦煌历史之观

（一）隋唐之前的汉晋北朝

悠悠五千年，万卷长河开。敦煌有着悠久的历史，并在其间衍生出了灿烂的文化。夏、商、周时，敦煌属古瓜州的范围，战败而迁徙至此的三苗人在这里繁衍生息，他们的后裔羌戎族也在此游牧定居。春秋战国时期，住在敦煌的有大月氏、塞种人和乌孙人等众民族。战国末期，大月氏崛起，独霸敦煌一直到秦末。在这之后，敦煌又历经了漫长的岁月。

1. 两汉：边陲之重镇

西汉初年，从蒙古起家的匈奴拥兵百万，入侵河西，将敦煌地区的大月氏赶到了锡尔河、阿姆河流域。之后，通过联合羌人，匈奴称霸了河西走廊，严

汉长城

重威胁着汉朝政权。汉初民生凋敝，国力衰微，无法与勇猛善战的匈奴铁骑相抗衡，只能用和亲的方式来维护边境稳定。及至雄才大略的汉武帝即位，他通过开创察举制、颁布推恩令、加强中央集权、独尊儒家正统思想等措施，使国家实力有了大幅度的提高。此时“天下殷富，财力有余，士马强盛”，因此汉武帝下令，抗击匈奴，以军事手段代替带有屈辱性质的和亲政策，彻底解决来自北方匈奴的威胁。建元二年（前 139），为断匈奴“右臂”，汉朝派出张骞出使西域，联络大月氏、乌孙等部。元鼎二年（前 115），张骞再次出使西域，并开通了丝绸之路。之后，汉武帝经过一年多的准备，终于在元光二年（前 133）开始了对匈奴的反击。他派名将卫青、霍去病三次大规模出击匈奴，大获全胜，匈奴残部被迫远逃。汉朝此役，收复了河套地区，夺取了河西走廊，“封狼居胥”，将当时汉朝的北部疆域从长城沿线推至漠北。这不仅基本解决了自西汉初期以来，匈奴对中原的威胁，也为后来把西域并入中国的版图奠定了基础。

元狩二年（前 121），霍去病出兵陇西，取得了河西之战的胜利，战中匈奴内乱，浑邪王杀了休屠王，带领四万部众投降汉朝。此后，汉朝在河西地区设立武威郡、酒泉郡、张掖郡、敦煌郡以安定边关，这也就是有名的“河西四郡”，再加上敦煌以西的阳关和玉门关，史称“列四郡，据两关”。东汉元初七年（120），朝廷在敦煌设置护西域副校尉，代替原来西汉所设的西域都护主管西域事务，“西抚诸国，总护南北道”，敦煌进而成为中原王朝统辖西域的军政重心。

汉代通往西域的道路有南北两条，沿塔克拉玛干沙漠的边缘划分而成，而这两条道路的起点均为敦煌。位于这个重要的交通枢纽，随着丝绸之路的通畅，敦煌也进入了一个繁荣的时期。张骞出使西域以后，为汉朝广开商贸之路，朝廷一年中会数次派遣使团出使西域。这些使团大多携带大批的货物，一定程度上具有商队的性质。在他们往来中西的过程中，敦煌是重要的补给站。一方面，敦煌为使团提供了休息整顿、补充资源的场所；另一方面，使团的到来也为敦煌的商贸经济发展带来了机遇。西域胡商与中原汉族商客在此云集，从事丝绸瓷器、西域珍宝、北方驼马、当地粮食等之间的买卖交易。此外，朝廷对河西的经营，除了建长城、列亭障来抵御外敌、确保安全外，同时采取了大臣晁错提议的“徙民实边”“屯田垦殖”政策，也就是从内地迁徙去一部分民众，令他们开垦农田，兼顾戍卫与农耕。作为西域边境的重镇，敦煌也迎来了一批由内地迁徙而来的移民。这些移民不仅仅为敦煌的建设注入了新的生机与活力，也把内地先进的生产技术带到了敦煌，有效地促进了当地生产的发展，带来了商业贸易的繁荣。并且，随着中原名门望族不断迁入，中原文化也逐渐在这一地区扎下了根，以儒家经典为主的许多汉文典籍得以在敦煌广泛传播。据班固《汉书》中的记载，敦煌郡一共管辖有六个县，至汉末，敦煌人口众多、经济繁荣，中原文化、佛教文化、西亚和中亚文化不断在这里汇聚、碰撞、交融，“华戎所交，一大都会”，敦煌已经逐步发展成为西部地区重要的军政、商业、文化中心。

莫高窟第 275 窟 北壁（北凉）

2. 三国、魏晋南北朝：动荡的繁荣

三国时期，敦煌处在曹魏的统治下。魏文帝曹丕即位以后，派兵消灭了河西的割据势力，继续在此推行西汉以来的屯田戍守政策。历任太守采取发展生产、保护商业的政策："抑挫权右，抚恤贫羸"，限制豪强兼并土地；反对歧视境内的少数民族，鼓励胡汉通婚；减免刑罚徭役，鼓励百姓开荒垦田；保护来往商人等等。经过几任太守的辛勤治理，敦煌作为胡汉交往的边陲要塞，成为丝绸之路上的一座重要的商业城市和粮食基地。敦煌的繁荣景象，一直持续到了西晋。八王之乱后，西晋元气大伤，内迁的诸民族乘机举兵，造成五胡乱华的局面，大量百姓与世族开始南渡。316 年，西晋灭亡，北方从此进入五胡十六国时期。此时群雄逐鹿中原，唯有河西地区相对太平，所以出现了"中州避难来者，日月相继"的现象。这些避难逃亡而来的中原儒士、流民，既为进一步开发敦煌补充了劳动力，又带来了中原先进的生产技术和文化；自汉魏起传入的佛教更是由此站稳脚跟，在敦煌空前兴盛。在这期间，敦煌先后归属于前凉、前秦、后凉、西凉和北凉五个政权。前凉在第三任君主张骏时期（307—346），把敦煌、晋昌、高昌等三郡，西域都护、戊己校尉、玉门大护军等三营合并为沙州，治所设在敦煌，使敦煌的政治地位得到了进一步提高。建元十二年（376），前秦灭前凉，仍然把敦煌作为经营西域的基地。建元二十一年（385），前秦从江汉、中原迁徙一万七千余户百姓至敦煌，来充实本地的人口。同年，前秦瓦解，吕光率军返回河西，建立了后凉。麟嘉七年（395），后凉内乱，武威、张掖两郡的流民逃难至敦煌，足有数千户之多。此时，敦煌的人口已达两万户以上。隆安四年（400），李暠建立西凉政权，以敦煌为都城，疆域广及西域。敦煌作为凉州文化的中心，设立官学，提倡儒学，儒教思想在敦煌的影响力大大提高。到太平真君五年（444），北魏在敦煌设镇，作为经营西域的基地，抗击北方的柔然汗国。孝文帝进一步加强了对敦煌镇的守备，在此置都大将。柔然在北魏和高车的夹击下逐渐衰落，敦煌的外部威胁得以解除。正光五年（524），敦煌镇改为瓜州。后来北魏分裂为东魏、西魏，河西属于西魏统治。557 年，宇文觉废西魏，立北周，河西成为北周领土，仍在敦煌设瓜州。

可以说，从三国到魏晋南北朝，是中国历史上政权更迭最频繁的时期，有三十余个大小王朝交替兴灭。相比较于中原地区的长期割据、祸乱叠生、战火绵延，敦煌地区由于地处偏远，尽管也经历了诸多政权更迭，但局势相对稳定。在这种形势下，伴随着中原文化的西迁和当地统治者对学术文化的重视，在继承汉魏传统的基础上，以敦煌为中心的凉州文化大放异彩，出现了繁荣兴盛的局面，才人辈出。比如著名文学家侯瑾，军事家、学者张奂，农学家氾胜之，译经大师竺法护，西行求法的宋云，以俊逸之才被称为“敦煌五龙”的索靖、泛衷、张甝、索紾、索永等等，法显、鸠摩罗什等佛学大师也在敦煌留下了他们或东进，或西去的足迹。一些在中原因战乱而失传的典籍、学说，也在敦煌得以保存、延续。此外，莫高窟的逐渐成形，使敦煌慢慢发展成为佛教徒传授教义、举行佛事活动的重要地区。

（二）隋唐及其后时期

1. 隋唐：大也，盛也

北周末期，北方的游牧民族突厥控制着西域的中部和北部，另一支游牧民族吐谷浑则占据着青海和西域南部。驻守在敦煌的官兵和民众不断地抗击上述少数民族政权的骚扰，保卫着河西和陇右的安全。581 年，杨坚废北周，建立隋朝，几年后统一全国。在国势日益强盛后，隋朝出兵击破吐谷浑，西突厥也被迫投降，丝绸之路终于再度畅通。当时中原通往西域的道路一共有三条，而这三条道路在进入河西时就“总凑敦煌，是其咽喉之地”。随着使团和商队的出入，西域的佛典和音乐等经由敦煌传入内地，内地的丝绸、瓷器和文化典籍也经由敦煌传入西域乃至更远的地方。隋朝的最高统治者文帝和炀帝都笃信佛教，在位期间通过行政手段大兴佛事，促使敦煌佛教迅速发展。隋文帝曾几次下诏命令各州建造舍利塔，诏命远达敦煌。在最高统治者的提倡下，隋代存在的 37 年，在莫高窟开窟 77 个，规模宏大，壁画和彩塑技艺精湛，已经有了明显的地方风格。另外，受内地的影响，大乘佛教思想也开始在敦煌流行。从隋代写经题记来看，此时出资写经者多是戍守边疆的士卒、往来行走的商人和普通百姓，表明敦煌地区对佛教的信仰已深入到一般民众之中。与佛教的迅速发展相适应，莫高窟的修窟造像活动也十分兴盛。隋代敦煌石窟艺术进一步接受中原佛教艺术的影响，为以后新的艺术繁荣时期的到来奠定了基础。

隋末，中原连年战火，隋炀帝后期天下大乱，东突厥崛起。大业十三年（617），武威郡鹰扬府司马李轨举兵反隋，占领包括敦煌在内的河西，建大凉国，定都姑臧，自称凉王，归附于东突厥。武德二年（619），李渊利用凉州粟特安氏的

沙州古城遗址

势力，瓦解了李轨政权，把河西纳入版图。武德五年（622），唐朝改瓜州为西沙州，州治设在敦煌；贞观七年（633），唐朝改西沙州为沙州。在此前后，唐廷北灭东突厥，西讨吐谷浑，解除了敦煌的外部威胁；并进军西域，灭高昌，攻焉耆，克龟兹，设安西都护和安西四镇以巩固战果；最后，又在显庆二年（657）灭掉西域最大的敌对势力西突厥。于是西域诸国纷纷归附，贡使通商，往来不绝。在此过程中，敦煌不仅是军用物资的转运、供应基地，还参与了一些重要的战役，成为唐朝位于西域的"心腹"。出于经营西域的需要，朝廷加强了驻守敦煌的军事防卫力量，使其再度成为中原王朝的边防重镇。唐朝政局稳定，经济繁荣，为中西友好往来和经济文化交流的进一步发展提供了条件，为敦煌的稳步发展提供了可靠的保障。经过一百多年的发展，唐天宝年间沙州（下辖敦煌、寿昌二县）有户六千三百九十五，口三万二千二百三十四，达到了前凉、前秦以来敦煌人口的巅峰。在这段历史时期，敦煌的经济文化高度繁荣，佛教兴盛，莫高窟的开窟数量多达 1000 余窟，壁画和塑像都达到了极高的艺术水平。贞观十九年（645），唐玄奘于印度取经而归，途经敦煌返回长安。东来弘道、西行求法而路经敦煌的僧人逐渐增多，使得敦煌能够在接受中原佛教文化洗礼的同时，也不断汲取西域、印度佛教文化的营养。在这样的背景下，敦煌的佛教和石窟艺术发展到了全盛时期。

2. 宋元：少数民族政权与归义军统治下的迟滞与发展

唐天宝十四年（755），安史之乱爆发，安禄山起兵叛乱，唐王朝由盛转衰。驻守河西的唐军前往中原平叛，自青藏高原而来的吐蕃民族趁机攻占了西域，切断了河西与中原的联系。随后，又由东向西进攻河西、凉州、甘州、肃州、瓜州，并包围了沙州城。贞元二年（786），敦煌城内弹尽粮绝，军民无奈之下在得到吐蕃不去侵扰其他地区的承诺后，与其结盟而降。自此，敦煌进入吐蕃统治时期。不幸中的万幸是，敦煌因此躲过了此时中原佛教因唐武宗“灭佛”而遭受的灾难，这对敦煌以后的历史产生了深远的影响。

吐蕃统治者废除了沙州的各级行政机构，使其隶属于瓜州节度使管辖。在经济方面，推行按人口分发田亩、按户征收税额的政策。这大大加重了敦煌百姓的负担。另外，吐蕃统治者还要求当地汉族改变原有习俗，实行“胡服辫发”；推行吐蕃语，禁用唐年号，改用地支纪年等等。这些做法严重阻碍了沙州农业和商业的发展，敦煌失去了往日的殷富与繁华，不断激起以汉族为主体的各族人民的反抗。吐蕃统治者除了以武力镇压外，还任用一些投靠他们的汉族世家大族，以缓和民族矛盾，并大力扶持佛教，试图借用宗教的力量来稳定局势。他们提高僧人的政治地位和社会地位，向寺院布施财物、田产。在吐蕃统治者这种有所图的倡导下，佛教势力迅速膨胀，沙州的寺院由十三所增加到十七所，僧尼由三百一十人增加到近千人，译经活动的开展也更加频繁，这一切都进一步推动了莫高窟的兴建，并在艺术上取得了新的成就。总之，吐蕃时期沙州佛教势力深入到了政治、经济、文化、艺术等社会生活的各个领域，在社会制度倒退的时期呈现出一种重压之下的异样繁荣。

会昌二年（842）吐蕃王国发生内乱，势力大衰，在河西的统治也开始动摇。大中二年（848）沙州大族张议潮率领各族人民起义，赶走了吐蕃统治者，重新占领沙州和瓜州，并派遣使者归降唐朝。大中五年（851），唐朝在沙州设归义军节度，任命张议潮为节度使。当时正值西北地区发生民族大变动之际，在以沙州为中心活跃着吐蕃、回鹘、退浑、龙家、仲云等许多少数民族政权，从东、南、西三面对归义军构成威胁。而唐朝此时内部危机严重，无力顾及河西，不能给归义军以实际的支持；同时，吐蕃统治时期也为敦煌留下了一系列亟待解决的社会问题。面对这种复杂而又严峻的形势，张氏归义军政权努力在辖区内全面恢复唐制，重新登记人口、土地，制定新的赋税制度；恢复唐朝服装，推行汉化。这些措施迎合了当地汉人怀恋大唐故国的心理，得到了他们的拥护和支持。很快，敦煌就焕发了新的生机，“人物风华，一同内地”。另外，对辖区内的少数民族，归义军政权采取区别对待的政策，尊重他们的习俗，受到了少数民族的欢迎。这些措施使归义军政权对内取得了人民的支持，为其在河西站稳脚跟奠定了基础。对外，张议潮率军多次击退周边少数民族的侵扰，于咸通二年（861）终于攻克吐蕃，夺回河西重镇凉州。有记载称归义军收复的地区“得地四千余里，户口百万之众”，势力达于极盛。归义军的治所敦煌，又一次成为西北地区的政治中心。然而好景不长，大顺元年（890）至乾宁三年（896），归义军内部不稳，接连发生政变，给伺机而动的周边少数民族提供了可乘之机，部分地区被攻占，另有一部分地区在实际上已经脱离了归义军的控制。至九世纪末十世纪初时，归义军实际控制的已仅有瓜、沙二州了。乾化四年（914），沙州的另一个大族曹氏家族中的曹仁贵取代了张承奉，恢复了归义军称号，此后归义军政权一直把持在曹氏家族手中。曹氏归义军政权吸取了张承奉失败的教训，努力改善与周边少数民族政权的关系，同时积极恢复与中原王朝的统属关系，力求在西北各民族中树立自己的正统地位。这些措施使曹氏归义军政权既得到了中原王朝和周边少数民族政权的承认，也得到了境内兵民的支持，使其能在五代、宋初复杂的民族关系中得以生存、发展。北宋建立以后，有很多僧人经由河西、敦煌前往印度求法，他们在往返途中常在敦煌暂居，甚至混杂于西域各国的商队和使团中频繁出入中原。敦煌与中原、西域联系的加强和各地僧人的频繁往来，促进了各地间佛教文化的交流。一方面，中原的佛教著述和从印度、西域带来的佛典被往来僧人留在了敦煌；另一方面，他们也将一些敦煌独有的佛教典籍带到了中原、西域。敦煌的佛教文化在这一时期继续保持着强大的势力，于社会各阶层都有巨大的影响力。咸平五年（1002），归义军内部再次发生兵变，曹氏政权迅速衰落，而沙州地区的回鹘势力在这一时期却得到了迅速发展，成为与归义军政权抗衡的重要力量。此时，归义军政权已不堪一击，任何外来的攻击和内部的骚乱都足以使其倾覆。

宝元元年（1038），党项族建立西夏。康定二年（1041），沙州回鹘率众进攻沙州，并于第二年攻克沙瓜二州。这一时期的敦煌虽然受回鹘统治，但汉人仍占很大比例，再加上回鹘人民长期受汉族影响，因此这一时期的政治制度、佛教艺术都是汉族和回鹘文化交融的结晶。乾道元年（1068年），西夏攻克瓜沙二州，回鹘政权灭亡。西夏对外战争频繁，在其管辖之下，沙州的徭役、兵役均十分繁重。敦煌作为西夏的西侧门户、与西域联系的关口，还担负着沉重的边防任务。而且，这一时期敦煌还曾发生几次严重的旱灾和蝗灾。长时期的动乱和严重的自然灾害，使敦煌地区的经济迅速衰落。西夏与宋长期为敌，不准西域各国通过敦煌向宋朝进贡，对过境商人也征收重税。因此，西域各国使

莫高窟第 409 窟东壁门北 回鹘王妃礼佛图（西夏）

者和商人为了避开西夏辖区，开始改由塔里木盆地的南沿经青海进入中原。自南宋时起，海上丝绸之路也日趋活跃，敦煌逐渐失去中西交通咽喉和中西经济、文化交流中转站的重要地位，其商业和文化也渐趋衰落。

宝庆三年（1227），蒙古帝国攻占敦煌，同年西夏灭亡。至元十三年（1276），忽必烈将敦煌收归中央政府直接管辖。在蒙古帝国和元朝统治时期，经由敦煌、河西的交通路线再度成为联结西域与中原的主要通道。蒙古帝国和元朝的疆域比汉、唐都要辽阔，和西域在政治、经济、文化方面的联系也比以往更加密切。为了保证过往使团的需要，蒙古帝国统治者在敦煌和河西的瓜州、肃州等地设置了驿站，以供往来补给。元统治者曾采取招抚流民、设置屯田等措施来恢复敦煌地区的经济。但此时敦煌的地位已远不能与汉、唐时期相比。第一，由于海上丝绸之路的发展和北方草原之路的继续频繁使用，敦煌未能恢复中西交通必经之地的地位；第二，宋朝以来，中原王朝的都城逐渐向东、向北迁移，距离敦煌越来越远，使敦煌在全国的战略地位逐渐下降；第三；敦煌在蒙元的广阔版图中不再是一个举足轻重的边防军事重镇，而仅仅是一个补给站，这就决定了蒙元统治者对敦煌的重视程度必定是有限的。随着统治者采取移民政策陆续将敦煌人口内迁，这里变得日益荒凉，已不复有往日荣光。

3. 明清：边陲名城的衰落与佛教的式微

至正二十八年（1368），朱元璋建立明朝，攻克大都，元朝灭亡。此时日渐发达的海上丝绸之路已经成为中西方政治、经济、文化交流的主要通道，陆上通道则以嘉峪关通哈密之路为中原与西域的往来干线，敦煌失去了中西陆路交通中转站的地位。加上明朝的边防重点主要在北方，敦煌失去了其军事上的战略地位。嘉靖三年（1524 年），明王朝下令闭锁嘉峪关，将关西平民迁徙关内，废弃了瓜、沙二州。此后的两百年间，敦煌旷无建制，战乱连年，百姓流离失所，田园渐芜，渐渐衰败，成为“风摇柽柳空千里，日照流沙别一天”的荒漠之地。

莫高窟元代第 465 窟 双身像（元代）

正德十一年（1516 年）至嘉靖七年（1528 年），吐鲁番屡次向沙州发动大规模进攻，最终，敦煌被吐鲁番所占据。从明初至此的一段时期里，敦煌沦为了以游牧为主的蒙古族的活动区域，使这一地区以农耕为主的生产方式被废弃，生产力又退回到了汉以前的水平，文化方面也没有任何建树。在信奉伊斯兰教的吐鲁番占据敦煌以后，被佛教徒视作圣地，曾盛极一时的莫高窟也遭到了破坏，

“佛像屡遭毁坏，龛亦为沙所埋”，呈现出满目凄凉的景象。

清朝定都北京，敦煌仍和明代一样，既非边防要塞，又非商旅要道，不过是一个处在边远偏僻之地的小城。所以在清初的很长一段时间里，统治者并未将敦煌收入版图，任由吐鲁番占据。甚至在康熙五十七年（1718 年）平定新疆以后，也未在敦煌设置军政建制。直至雍正元年（1723 年），才重新在敦煌设沙州所，其后逐渐升为沙州卫、敦煌县。自清朝重新采取移民屯田、恢复民生的措施以后，敦煌的经济开始复苏，农耕又成为当地的主要生产方式，水利设施得到恢复和发展，人口也迅速增长。移民中有不少人信奉佛教，这使得莫高窟的香火渐盛。在嘉庆和道光年间，敦煌的佛教徒还对莫高窟进行了大规模的整修。但由于此时内地的佛教文化艺术已经衰落，与敦煌比邻的新疆地区居民又多信奉伊斯兰教，敦煌的佛教文化艺术已成无源之水。更由于此时敦煌的文化水平已远远落后于内地，使得清代新开和重修洞窟的艺术水平无法再与前代相比。

链 接

敦煌地处偏远，驻守边陲，既无泉林之秀，又乏地势之胜，而能汇集东西之文化，包容四海之殊族，广开丝路，弘扬佛音，成西域之重镇。自汉迄今，历两千年荣辱更迭，盛衰往复，虽渐趋式微，然宝珠蒙尘终现于世。世事难测，史迹可追，抚卷回眸，吾辈当有所会焉。

第二章　民俗盛宴
——敦煌风情

单元案头

俗话说，“一方水土养一方人”。小桥流水处有轻清柔美的吴侬软语，四九皇城下有字正腔圆的京腔京韵。地灵而人杰，人杰而民风始盛。要了解一个地域，还有什么能比这里独特的民风民俗更吸引人？敦煌，这块茫茫戈壁中的神奇绿洲，在自然的馈赠下沃野千里、水草丰茂，这样的一片土地会养出什么样的风土人情？

民俗，即民间风俗，是一个国家或者民族约定俗成，代代相传的独特生活文化，包括民间信仰、岁时、制度、生产、礼仪、游艺等等不同的方面，是人类群体生活的产物。百里不同风，千里不同俗——不同的地理位置，导致不同地区的风俗习惯之间存在着巨大的差异。泱泱华夏，地大物博。有“骏马秋风塞北”,也有“杏花微雨江南”。坐落在西域边陲的敦煌,距离中原何止百里千里，自然也有着与中原截然不同的异样风情。如果说，中原是一名憨厚稳重的青年男子，那么敦煌就像一位绰约缥缈的妙龄女郎。她神秘的面纱下，有着动人的眼波，一颦一笑都是敦煌独有的迷人风情。

一、热闹相聚之谊

（一）四月八，和莫高窟有个约会

提起庙会，想必大家都不陌生，甚至有人把它称作“中国人自己的狂欢节”。千百年来，庙会文化穿越了时空，一直活跃在我们的视野之中，并且由早期单纯的宗教祭祀活动，渐渐演变为集经济贸易、踏青游玩、文化、娱乐等于一体的大型综合聚会活动。作为一种社会风俗，不同地区的庙会呈现着鲜明的民族性、地域性，而敦煌地区的庙会最有特色的莫过于每年在莫高窟举行的四月八庙会了。

庙会既然带有一个“庙”字，自然与宗教建筑、宗教活动有着千丝万缕的联系。四月八庙会也不例外，农历的四月初八，正是释迦牟尼佛的诞辰，因此这一天也被称作佛诞日。又因为传说中释迦牟尼佛诞生时一手指天、一手指地，天上九龙出现，吐出香水为之沐浴，佛教徒据此以浴佛的方式纪念佛祖诞辰，

东千佛洞外景

所以这一天也被称为“浴佛节”。在这个特殊的日子里，敦煌民众会齐聚佛光宝地莫高窟，烧香祈福、娱乐集会。莫高窟位于敦煌城东南的峡谷，两侧有三危山、鸣沙山伫立，中间有大泉河横穿而过。这里的千万佛窟在林木的掩映下高低错落，因此莫高窟又被当地人称为千佛洞，他们笃信在这里可以沐浴佛光，只要虔诚地诵经祈祷，就能获得佛祖的庇佑而从苦难中解脱。

在不同的历史时期，四月八庙会有着不同的活动方式，也被寄予了不同的时代内涵。

在古代，敦煌是中西交流的咽喉重镇，佛教盛行，居住在这里的人们通过到莫高窟敬香拜佛来祈求神灵的保佑，期望佛陀度众生苦难，帮助信徒们领悟佛法真谛、增加修行。当时没有如今这么便利的交通，善男信女们为表虔诚，会在四月初三初四的半夜就出发，他们带好旅途所需的清水、干粮，或乘车，或骑牛马，甚至徒步前行，从四面八方向莫高窟汇聚而来。有些人为了积德行善、结因得果，就在沿途修建房屋，以供浴佛节时来往的行人暂时歇脚。另外还有人自发地运来柴米、清水，在这里烧火做饭，为信徒们，补充体力。这样的房屋被称为“茶房子”，就像是中原官道边的驿站茶摊。这一项自发的公益活动，一直到中华人民共和国成立初期敦煌县城到莫高窟的公路通车后才停止，“茶房子”也结束了它们的历史使命，逐渐被废弃。

及至现代，在四月八庙会，敬香的信徒们也要登高爬低地进入佛洞，为佛像洒扫除尘、添香续火；往年心愿达成的善男信女，还会带来用以还愿的祭品，留下布施的财物，为佛寺敬香火、做功德。在莫高窟最具标志性的建筑“九层楼”（第 96 窟），那依山崖而建的大殿里安坐着高达 33 米、宝相庄严的弥勒菩萨泥胎造像，僧侣们在此吟诵经文、抄写经幡，为前来向佛祖叩首祷告的信徒们消解灾业，化除苦难。人们还乐于在佛座下的“观刹洞”里钻来钻去，根据传说，这样可以防病消灾、身体康健，一年都顺顺利利。这个游戏尤其受孩子们的喜爱，家长则在佛座旁大声呼喊孩子的名字，好让佛祖能够“听”到，保佑孩子平安顺遂。另一个热闹之处要数“娘娘殿”（第 454 窟）了，此处的送子娘娘塑像虽已损毁，人们来这里祭拜祈祷的习俗却流传了下来：未婚女子来此祈求得遇良人，共谱一段白头偕老的佳话；已婚妇人则或求再添“弄璋弄瓦”之喜，或求送子娘娘保佑家中子女平安长大、聪慧成才。除了延续在莫高窟前进行拜佛祈福的传统外，现代的“四月八”还增添了许多新的庆祝方式，更像是一场由敦煌群众自发组织起来的盛大集会。在绿树成荫、流水潺潺的莫高窟，人们聚集在广场旁，装扮上绚丽的戏服，扭秧歌、唱大戏，热闹红火。民间艺人们唱念做打，演绎着“三娘教子”“张连卖布”一出出的地方特色戏剧，观众里三层外三层，不时爆发出热烈的叫好声。改革开放后，敦煌也发出了时代的新声，“解放敦煌城”“南山剿匪记”等等表现时代特征、宣传先进思想的新戏也加入了四月八庙会的演出行列，广受人民群众的喜爱；20 世纪 80 年代初期，甘肃省歌舞团以莫高窟、敦煌壁画为题材创作的大型歌舞剧“丝路花雨”更是通过音乐、服饰、舞美等表现形式充分展现了敦煌特色的艺术魅力，吸引了众多海内外的游客在“四月八”这个特殊的日子到敦煌参与这场盛大的节日狂欢。

如今，四月八庙会已经不仅是一场宗教活动，它已成为一个当地群众放松身心、交流娱乐的大型节日。人们逛街市、品美食、看杂耍、听戏曲，会一会亲戚邻里，聊一聊家常见闻。从这些丰富多彩的活动中，我们不仅能看出人民生活水平的日益提高，更能体会到敦煌人民乐观积极、包容友好的生活态度。

链 接

近来年，越来越多来自大陆及港澳台地区日韩等国的佛教团体，专程赶赴敦煌参加“四月八庙会”的浴佛活动。敦煌集聚八方来客，展现着它开放包容的胸襟。“四月八庙会”也更具时代特色，融旅游参观、购物踏青、文化普及、知识教育为一体，积极向国人和海外友人介绍中华灿烂辉煌的传统文化，巩固敦煌佛事活动在佛教文化领域的地位，向世界展现着当代敦煌的风采。

（二）五月五，听鸣沙处看月牙

鸣沙山、月牙泉，是敦煌不得不提的两处名胜之地，沙岭晴鸣、月泉晓澈，都在“敦煌八景”中占有一席之地。它们位于敦煌城南约 5 公里处，沙在泉侧、泉在沙中，沙泉共处，妙造天成，以“沙漠奇观”之名著称于世。

鸣沙山以沙动成响、声如雷鸣而得名，已有三千多年的历史，东汉《辛氏三秦记》中就有对当时还叫“沙角山”的鸣沙山的记载：“河西有沙角山，峰愕危峻，逾于石山，其沙粒粗色黄，有如干躇。”而关于此地“鸣沙”的记载也是由来已久。魏晋《西河旧事》中记载：“沙州，天气晴明，即有沙鸣，闻于城内。人游沙山，结侣少，或未游即生怖惧，莫敢前。”唐代的《元和郡县图志》中也曾说道:“鸣沙山一名神山，在县南七里，其山积沙为之，峰峦危峭，逾于山石，四面皆为沙垄，背有如刀刃，人登之即鸣，随足颓落，经宿吹风，辄复如旧。”我们可以看到，一方面，鸣沙山因为它的险峻、陡峭为人们所惊叹，另一方面，这里神秘莫测的沙鸣之声也让人们不禁产生了敬畏之心。及至现代，随着科学技术的发展，人们对这里出现“人乘沙流，有鼓角之声，轻若丝竹，重若雷鸣”现象的原因做出了种种推测，沙层摩擦说、沙丘共鸣说、沙粒振动说都存在一定的依据,却至今没有一种解释能作为“沙岭晴鸣”的盖棺定论之说。鸣沙山也因此显得更加神秘，吸引着越来越多的人前来亲历沙鸣、探寻奥秘。

月牙泉处于鸣沙山环抱之中，因为它的外形酷似一弯新月而得名，又因地处沙漠却沙不填泉、水不枯竭而被人们啧啧称奇，被誉为“塞外风光之一绝”。古代的月牙泉，因为其独特的地理位置被称为“沙井”，又名“药泉”，清代开

月牙泉

始才有了这个形象的名称“月牙泉”。它的泉水澄澈明净，不受周围沙地的影响，像嵌在鸣沙山中的一块明镜；水质甘洌、沁人心脾，在苍茫的戈壁中滋养着小小的绿野。月牙泉从汉代起就是游览胜地，相传汉武帝曾在这里捕获了天马，有“四面风沙飞野马，一潭之影幻游龙”之说。月牙泉岸有罗布麻花盛开，泉光与山色相映，伴以错落有致、香火缭绕的古刹神庙，形成了独特的自然景观群。

“鸣沙山怡性，月牙泉洗心。”鸣沙山和月牙泉不仅吸引着游客的目光，也是当地人举行聚会、洗礼身心的好去处。每逢五月初五，敦煌的民众就会汇聚于此，赏山色、听沙鸣，观泉影、洗尘心。他们不仅会带去自家包好的粽子，还会缝制五色的小布袋，装入一把鸣沙山的“五色沙”戴在孩子们的脖颈间，以祈求孩子百病不侵、平安健康。敦煌人之间流传着这样一个说法：鸣沙山、月牙泉有三件宝，铁背鱼、七星草、五色沙。传说只要把月牙泉中的铁背鱼和泉岸生长的七星草一起食用，就可以延年益寿、长生不老；而鸣沙山上的五色沙砾则能消灾聚福、保人平安。如今铁背鱼、七星草已经不复存在，唯独五色沙仍伴着鸣沙山，护佑着一方水土。

“五色沙”因其有红、黄、绿、白、黑五种颜色而得名，若你在鸣沙山弯腰掬沙细看，就会发现其中交织五色、晶莹闪亮。为什么这里的沙会呈现五色呢？其中有一个古老的传说。相传古时候，有一位西征的将军得胜归来，率领着身披红、黄、绿、白、黑五色铠甲的部下，持五色旌旗，入关后在当时还是一座青山的鸣沙山驻扎停留。将军见手下精兵连日作战，已经不堪疲惫，便下令刀枪入库，将士们放松修整。谁知狡猾的敌人在夜里前来偷袭，将士们只得赤手空拳上阵，与敌人肉搏厮杀。这一战十分惨烈，直杀得血流成河、积尸遍野。正当敌人以为获胜而得意之际，突然间狂风大作，黑云漫天，五色沙砾像暴雨一样倾泻而下，顷刻间就把将士们的尸体与敌人一起埋葬在了沙阜之下，这座郁郁葱葱的青山变为了一座沙山。从那以后，每当有风吹过山侧，就会有轰鸣声响起，仔细一听似有金鼓齐鸣、刀劈剑刺之声，仿佛将军仍然带领着部下在与敌人奋战；而那五色沙砾，就是将士们的五色铠甲、五色旌旗化成的。

其实，在“五月初五”端午节崇尚“五色”的风俗，自古以来就流行于中华大地。端午节时值农历五月，正是仲夏疫病高发、容易流行的时节，民间把这一月称作“恶月”“毒月”，也把端午节这一天称作“恶日”。为了预防疫病、消灭虫毒，人们衍生出了许多关于驱邪避毒的节日风俗，佩戴“五色线”“五色绳”，制作“五色香包”就是其中的几种。中国古代崇尚五色，把五色作为寓意美好的吉祥色。以五色丝系臂是很流行的节俗，早在汉代，《风俗通义》就提到：“五月五日，赐五色续命丝，俗说以益人命。”《荆楚岁时记》中也有“以五彩丝系臂，名曰辟兵，令人不病瘟”的记载。由此可知，端午节佩戴五色丝线可以消病防灾的说法是由来已久的。民间把五彩的丝线、绳绦看作是“五彩龙”，端午节又称“小儿节”，佩戴五彩绳有希望儿童驱妖避邪、百病不侵的美好企盼。五彩绳又称“长命线”，人们相信它可以降服五月初五这天跑来为祸人间的妖魔鬼怪，系在孩童腕间则能够压邪避毒，让他们长命百岁，敦煌装着“五色沙”的五色布袋有异曲同工之妙。可见，中原文化与敦煌文化经过漫长的岁月，在交流、融合中又存在着诸多差异和创新，使得华夏风俗更加的多元、多彩，在不同的地区绽放着不同的光华。

链 接

“山以灵而故鸣，水以神而益秀”，鸣沙山、月牙泉就像是敦煌地区孕育的一对双生子，他们彼此相望，共同守护着这块灵秀的土地，庇佑着世世代代在此开垦田地、建设家园、保卫敦煌的人们。而勤劳勇敢、朴实敦厚的敦煌人，也乐于在节日中回馈这神奇的自然，用他们传承至今的独特方式去感恩神明、歌颂神迹，这样的节俗还将代代相承，融入每一代敦煌人的骨血。在这里，山明水秀，民朴风淳，人与自然共奏着一曲和谐的乐章。

二、修塔记碑之兴

（一）修塔：聚功德于浮屠

两汉之际，佛教沿着蜿蜒的丝绸之路从印度经中亚传到了中国。敦煌作为丝绸之路上中西方重要的交汇点，也孕育出了繁盛的佛教文化与独特的佛教艺术，凿窟修塔蔚然成风，可以说是一座“佛教的都市”。古往今来，静静伫立于敦煌的千百佛塔，不仅仅是历史风云的见证者，也是修塔、护塔这一敦煌民俗的传承者。从它们的身上，我们可以窥探到敦煌在历史尘烟中踽踽独行的身影。

塔，在古印度语中是“坟冢”的意思，又可以音译为浮屠、佛图。相传，佛祖释迦牟尼圆寂后，其遗骨在火化时凝结成为坚固通透的结晶，即舍利子。

佛祖的弟子们为了纪念他，按照印度的传统习俗各自建造了高塔，分别供奉佛祖的一部分舍利子。由于佛教信徒们把佛祖的佛骨、佛齿、佛指、舍利子等物看作是一种神圣、至高无上的代表，见舍利子如见佛陀本身，供奉舍利子的佛塔也因此被赋予了神圣的意味，象征着释迦牟尼的涅槃，成为信徒们顶礼膜拜、焚香叩首的对象。佛教中有这样的说法，如果善男信女能够经常向右环绕着佛塔做礼拜，就可以在来世获取无上的功德和福报。当然，尘世修建佛塔不可能都去寻找佛祖的遗骨来供奉，佛经上说：信众们修建佛塔，如果找不到佛的真身舍利子，可以用金、银、琉璃、水晶、玛瑙等珍宝来代替；如果实在无力求得这些宝物，也可以到大海边拾取洁净的砂粒，或者采集一些药草、竹木的根节来制造舍利。只要具有真诚的信佛之心，这些替代佛骨的物品也能够具有如同真正佛骨一般的功能作用，给信徒以指引和庇护。另外，修建营造佛塔本身也是一种功德无量的行为，佛塔又被称为“功德聚”。常言道，“救人一命，胜造七级浮屠”，造浮屠也就是修佛塔被提高到了与救人性命之功德相等同的高度。兴修佛塔不仅可以令信徒坚定信仰、更加虔诚，也可以体现其愿以财力物力供养佛祖、聆听佛训的赤诚之心。因此，不但历朝历代的统治者乐于修建佛塔以巩固对庶民的道德教化，平民百姓也自发、自愿地加入了修塔护塔的行列中来。同时，不同于印度，中国的佛教在流变过程中更加世俗化、人情化。人们认为，佛也需要一个用以栖息的建筑聚落，所以在“塔”之外又延伸建造了“庙”。这也就不难理解，为何敦煌会出现“一里五座庙”“有庙必有塔”的特色景观了。

中国的佛塔相较印度的佛塔而言，在大体继承了其形制的基础上，于外观造型和内部结构两方面都有了独具特色的创新，大致上可以分为汉民族所特有的楼阁式塔、体型高大的密檐式塔、历史悠久的亭阁式塔、装饰繁复的花塔、状如宝瓶的覆钵式塔、由五座塔组合而成的金刚宝座式塔、下有门洞的过街塔等七种类型。敦煌佛塔于历朝历代均有修建、翻整，也存在有各具特色的不同塔型。我们可以由小见大、以此推彼，从几座较具代表性的佛塔中，体味敦煌佛塔的遗韵。

老君堂慈氏塔，原本坐落于三危山山巅的老君堂之侧，后来人们为了它免受风雨侵蚀，于 1981 年将其迁至莫高窟的南区中心地带。可以说，慈氏塔是

慈氏塔

敦煌诸多佛塔中最为古朴、形制最为独特的一座。“慈氏”即指弥勒菩萨，因弥勒菩萨对一切众生不起杀念，不食众生肉，具广大慈心，因此也被称为“慈氏菩萨”。慈氏塔建于北宋时期，是一座亭阁式塔，从外形来看非常像一座单檐的亭子。塔为木质结构，平面呈八角形，攒尖顶，总高约 6 米；塔身四周建有一圈围廊，以八柱支撑，塔身在正南面设有方门。塔的内部是一个土坯所砌的方形穹隆顶小室，其中有慈氏菩萨的塑像，两旁的壁画则绘有文殊菩萨、普贤菩萨的彩像；四周另有天王塑像、壁画。室顶藻井为圆形，绘有团龙，与塔门隐塑的双龙遥相呼应。整座塔以木质为主，塔顶则全用泥土，塔室墙壁也一律用泥抹刷，这是干旱少雨的敦煌地区所特有的一种做法。三危山巍峨高耸，要将大量的木材、泥土运至山巅，修建佛塔，并不是一项简单的工程。可以想象，敦煌先民们在千年之前，是怀着怎样的崇敬、虔诚之心，一次次地负重向山顶行进。慈氏塔小巧玲珑,庄严古朴,历经一千多年的风雨摧折仍然保存完整，不得不说是一个奇迹。作为一座举世罕见的早期亭阁式佛塔实物，慈氏塔对于我们研究宋代土木结构古塔具有不可替代的重要意义。

成城湾花塔，位于莫高窟南侧的大泉河畔、成城湾（又名城城湾）山冈上。花塔有大小两座，大塔保存较为完好，小塔已经残损不见原貌，如今人们提起成城湾花塔多指大塔。塔为唐末宋初所建，平面呈八角形，高近 10 米，主要由土坯砌成，外敷以一层草泥、一层细泥，面风的一侧风化严重，背风侧则保存完好。塔的基台部分叠塑有两层须弥座，饰以覆莲、仰莲、宝珠等纹样；塔身周环绕着覆莲造型托起的八根立柱，以西面为正，开有圆券门；塔顶轮廓饱满圆润，塑有七层莲花瓣，层层叠叠、上下相错，精美复杂，极具美感。塔内有小方室，穹顶绘有华盖，中心盘龙，其下依次有卷幔、团花、卷草、垂幔、流云、千佛、垂铃等纹样。花塔的造型在佛塔中可谓别具一格，看上去就好像是一个巨大的花束，造塔者以此来表现佛教中的“莲花藏世界”，即莲花中藏有的功德无量、广大庄严之世界。因此，莲花纹饰、莲瓣造型是这类佛塔的标志性特征，很好区别。敦煌成城湾花塔，是莫高窟附近土塔之中建造年代最早、保存最完好、最具特色的一座。

除去以上两座敦煌地区具有代表性的木塔、土塔，这片与佛结缘的土地上还有许许多多承载着故事的佛塔，如建于隋代却于宋代被掘毁的崇教寺舍利塔、相传藏有鸠摩罗什坐骑的沙州城白马塔……历史上先人所修建的形形色色的佛塔，或掩于无情的风沙，或毁于无常的灾祸，只在卷帙浩繁的古书中留有只言片语的记载。我们有幸得以发现其中现存的一部分，它们不悲不喜地立在天地间，向我们诉说着敦煌这片土地传唱的千年梵音。

链 接

敦煌地处中国版图的西部，属典型的暖温带干旱性气候，干燥而少雨，日照时间长，昼夜温差大，蒸发量大。这一切为佛塔的修建和保存创造了有利条件，以土、木、石结构为主的佛塔得以较为完整的保留，使得我们在千百年后仍能见到这些佛教艺术的瑰宝，为之震撼，为之惊叹。

（二）刻碑：凝真容于铭赞

碑铭赞，是敦煌文化中的一个重要组成部分。敦煌文书中现存的大量碑文、墓志铭、邈真赞，作为真实可靠的人物传记资料，越来越被学界所重视。抛开学术研究不谈，单就刻碑作赞的做法来看，勒石以记事、怀人，确实是古时候敦煌地区的一种民风民俗。

敦煌文书中留存有 47 卷碑铭赞文书，这些文书多则收录有碑铭赞二十余篇，少则仅仅保存有一篇甚至数行。从时间上来讲，它们上起唐初（《常何墓碑》

写本），下迄北宋第二帝赵光义太平兴国年间（《李存惠墓志铭并序》），前后跨越了约 360 年的历史。

碑文，指专为立碑而作、刻在竖石上的文字，有文、铭、序等多种题材，根据用途的不同又能分为山川之碑、城池之碑、桥道之碑、家庙之碑、功德之碑、墓道之碑等等。敦煌本所载的碑文主要是功德记碑的抄本，这类碑是为活人歌功颂德的，有一部分碑文的原碑或拓片至今仍有保存，比如《李君莫高窟佛龛碑并序》《大唐陇西李氏莫高窟修功德记》等等。按照当时敦煌的习俗，开佛窟、塑佛像是积功立德的善事，每修建一窟都要立碑记事，来赞颂修建者的功德。因此我们可以从这些碑文的内容中，得知莫高窟部分洞窟的营建过程，以及其中壁画、塑像的具体内容形制，这对今人了解古敦煌的文化艺术有着很大帮助。

墓志铭，是一种悼念性的文体，一般由志和铭两部分组成。志多用散文撰写，叙述逝者的姓名、郡望（籍贯）、生平事迹；铭则用韵文概括全篇，主要是对逝者一生的评价，表示对逝者的悼念追思。墓志铭可以由逝者在生前自己撰写，但大部分是由他人撰写的。铭，本意是记载、镂刻，逐渐被引申为一种刻录在铜鼎、石碑之上用以记功、记物的独立文体。东汉郑玄在为《礼记》作注时解释道："铭，谓书之刻之，以识事者也。"当代学者通过分析认定，敦煌藏经洞中出现最早的唐墓碑墓志铭文本为《常何墓碑》写本。这一墓碑的书写形式，或直接，或间接地对敦煌地区的碑铭赞等常用文体都产生了影响，可以看作是一篇"范文"。除此之外，敦煌文书中被认定为唐代墓志铭的还有《李端公讳明振墓志铭》《张淮深墓志铭》《刘金霞和尚迁神志铭并序》，都可以作为研究唐史的重要参考资料。

邈真赞，是古时敦煌文人写给当地人看的一种有韵律的文章。我们通过分析现存《阴善雄墓志铭并序》的撰写特点，可以推断出，当时敦煌地区的人们从身故到入葬，必须在七天内请人撰写一篇邈真赞、一篇墓志铭；它们往往被连抄在一起，前为邈真赞，后为墓志铭。邈真赞有许多别名，如真仪赞、写真赞、彩真赞、图真赞、邈影赞等等，简称为“赞”，与中原地区古老的“像赞”出于同源，均脱胎于先秦时期的赞辞。邈，就是写、图的意思；真，则指的是人的样貌、容貌。由敦煌遗书中的内容我们可以得知，敦煌有着“凡请人画像，必着人撰写题赞”的风俗，以赞文与画像相配。这样，人们不仅能由图像看出此人的容貌形象，也能通过读赞文了解此人的一生的品德操守、功过举止。唐宋时期，敦煌的名流雅士常在晚年或病危之际，请当地有名的文人为其画像作赞，记录下自己生前的容貌、功业，去世后供子孙后代、门人弟子祭奠瞻仰，并用来规劝、勉励后人。敦煌遗书中常常可见“偶因凋瘵（生病），预写生前之容”“风疾侵缠……乃召匠伯，预写生前”一类的记载，也有大量诸如《唐故河西管内都僧统邈真赞并序》《程政信和尚邈真赞并序》等赞文传世，可见当时请人撰写邈真赞在上流社会中确实颇为盛行。有专家指出，邈真赞实际上

敦煌城东门（迎恩门）内的碑坊

类似于一种特殊的随葬品，在送葬仪式中吟唱邈真赞，可以招逝者魂灵，以慰未亡人的追思之心。

碑铭赞，是敦煌在特定历史时期产生的一种独特的文体风俗。这些流传下来的碑铭、题赞，就像一座研究唐宋时期敦煌社会风貌的“图书馆”，值得我们不厌精、不厌细地去仔细琢磨。古人以碑铭赞来表达对先人的思念与景仰，今人得其传承，更应该追慕敦煌悠久、神秘的历史，静下心来感受这古老的岁月。

链 接

赞体文是我国古代的一种实用性文体，先秦时期的赞辞是其滥觞。刘勰在《文心雕龙·颂赞》中有云：“赞者，明也，助也。昔虞舜之祀，乐正重讚，盖唱发之辞也。”赞辞即赞颂、祝祷之辞，以口语形式居多，常用于祭天、祭祖等带有祭祀意味的活动场合。到了汉代，赞中“赞美”“称赞”的意义更加明显，在此期间出现了第一篇赞体文——司马相如的《荆轲赞》。在不同的历史时期，中原地区的赞体文衍生出了经赞、史赞、画赞、杂赞等多种体类；同时在传播中，赞体文又与不同的民族地域发展出了众多具有地方性特色的文体，如蒙古族的祝赞词、敦煌地区的邈真赞等等。

三、俚曲方音之响

（一）通俗晓畅的俚曲

俚，即俗。俚曲，就是通俗的民间歌曲，是人们在田间地头、山谷湖畔劳作生活时嘴里哼的乡野小调。这些俚曲大多由民间创作，文字浅显易懂，风格质朴自然。历史上也有文人模仿民间俚曲的体裁而创作的文学作品，比如清代蒲松龄就脱胎于俚曲创作有十五部或长或短的说唱故事，包括《磨难曲》《墙头记》等等。不论是由民间创作还是由文人谱写，总体来说，俚曲小调大多用以劝善惩恶、移风易俗，拥有稳定的受众群体，在下层百姓中尤其受到欢迎。

自古以来，戏曲歌谣对民间的教化作用不可忽视。作为活跃于乡土的一种社会教化形式，俚曲是向百姓讲故事、说道理的道德教育载体，其内容往往寓教于乐、发人深思，艺术上浅近直白、雅俗共赏，能起到劝人为善、化民成俗的作用。从一个地区的俚曲小调中，能观察到此地的民风、民情，了解当地社会所流行的道德标准。敦煌地区地处偏远而宗教盛行，一方面受中原文化的影响，其俚曲中不乏传统的尊君重道、孝慈忠义思想；另一方面由于融合了一部分西域文化，俚曲也变得更为活泼大胆，出现了歌颂男女间热烈情感、讽刺黑暗社会现实之类的内容。

在敦煌,传唱俚曲小调的风俗由来已久。相较于主要流传在上流社会的“敦煌曲子词”，敦煌俚曲更“接地气”，易学、易记、易唱、易传，群众基础广泛，受到普通百姓的欢迎。在由敦煌藏经洞出土的大批敦煌遗书中，就保存有大量的唐代“歌辞”，这些是唐代敦煌俚曲曾传唱不休的重要证明。敦煌遗书中，现存的俚曲小调有《十恩德》《五更传》《白发篇》等各种写本。这些作品既有反映劳动人民生活内容的，也有宣传佛教、劝善信教的。及至清代，统治者为开发敦煌，由甘肃各州县迁来了大量移民。这次移民活动为敦煌补充了人口，有利于敦煌的建设；同时也为敦煌俚曲的创作和传播注入了新鲜活力。据调查，在敦煌，俚曲小调传唱最为广泛的时期就是清代至民国。中华人民共和国成立以后，敦煌俚曲有了一些新的创作题材，比如农民解放、智斗豪强、男女平等、婚恋自由等等，焕发了又一轮生机。这些小调由劳动人民口头创作，内容浅显易懂、贴近社会，直接反映了当下劳动人民的生活实际，反映着人民的心声和诉求，深受群众的喜爱。

王国维先生曾说，一切戏曲艺术都可以概括为“以歌舞演故事”。敦煌俚曲也不例外，可以说，“故事性”是敦煌俚曲受到当地民众欢迎的根本原因，也是其最核心的特征。善有善报、恶有恶报，好人在挫折之后收获大团圆，这是人民群众喜闻乐见、愿意接受的故事形式，也就具有更好的教化作用。人们在耳濡目染之中，就会形成趋善避恶的是非观，社会秩序自然会更加稳定。

从内容上来说，敦煌俚曲主要可以分为三大类。第一类表现人民日常的生产劳作、学习生活，如敦煌文书中以一年中月次为序进行歌唱的《十二月》、以一天中时辰为序进行歌唱的《十二时》等等。以《十二时》为例，歌中唱道：“平旦寅，少年劝学莫辞贫，君不见朱买臣未得贵，犹自行歌背负薪；日出卯，人生在世须臾老，男儿不学读诗书，恰似园中肥地草……”这是一首典型的劝学诗，规劝少年珍惜光阴、踏实勤奋、虽贫守志、不辞辛苦。这些俚曲多饱含敦煌人民积极进取、乐观向上的心态，表现着他们对美好生活追求。第二类体现民风民情，如古代有表现母爱的《十恩德》，现代有宣传参军的《小儿子当兵》等等。这类俚曲语言通俗，往往加入了口语或民间俗谚，最后的落脚点多为褒善贬恶、树立榜样，劝导人们辨忠奸、明是非，具有教化作用。最后一类也是如今数目最多、流唱最广的一类，是以情歌为主的婚恋类俚曲。随着时代的发展，民间婚恋观越来越开放，男女之间表达爱慕之情时也更为直接热烈，常用歌曲来传递情思。《等郎君》《想情人》《对花》《闹王哥》，或独唱，或对唱，都表现着青年男女对美好爱情的大胆追求。另外，这类婚恋俚曲中，还有一种独特的题材，即反对封建思想下包办、买卖婚姻的题材，《尕女婿》是其中的代表作，表现了新时代男女对封建传统陋习的痛恨，以及对平等自由婚姻的向往。

敦煌俚曲是勤劳朴实的敦煌人民在长期的生产生活中创作而成的，是劳动人民经验智慧的结晶。它的生活气息浓厚，歌词朗朗上口，曲调活泼优美，意蕴深远悠长。不论是历经千百年历史流传下来的古调，还是今人以时代为题材创作的新曲，都为我们研究敦煌当地的社会风貌、乡土人情、嫁娶习俗提供了丰富、翔实、宝贵的材料。

链　接

燕乐，是一种宫廷饮宴时供人娱乐欣赏的歌舞音乐，具有很强的艺术性。隋唐时期，燕乐分别在“宫廷”与“民间”流行发展，在创作上呈现两种态势：一方面，宫廷燕乐由文人填词创作，遣词用句不断向文雅化的方向演进；另一方面，伴随着在下层市民中的广泛流行，民间燕乐走向了口语化、通俗化的道路。这两种鲜明的发展态势成为曲词发展史上的两条重要线索，在不同时期或彼此对立，或雅俗辉映，或两相交融。敦煌地区的曲乐文学，在此基础上衍生出了歌、赋、曲子词、俚曲等诸多形式，多元碰撞下呈现着不同的面貌和风采。

（二）质朴亲切的方言

语言是文化的载体，文化通过语言得以凸显其魅力。方言，作为一种地区所独有的语言，是民族文化的有机组成部分，也是我们研究地域历史的“活化石”。人生四乐中就有一项“他乡遇故知”，俗话说“老乡见老乡，两眼泪汪汪”，对于漂泊异乡的游子来说，最幸福的事情莫过于遇到一个同乡，从他口中听到那熟悉的方言乡音了。在广袤无边的神州大地上，每一片土地都有属于它的独特方言，五花八门的地域方言就像是一桌汇集山珍海味的“满汉全席”，各味俱全。从这片土地上走出来的每一个人，都对那独一无二的声韵怀有浓浓的情感。“少小离家老大回，乡音无改鬓毛衰”，乡音、方言，是故土家园的象征，也是一种充满人情味的文化寄托。

汉语方言有着一个长期的发展过程，主要的形成原因是人口迁移、聚落隔绝所带来的地域性语言差异。敦煌市方言总体上属于“秦陇语系”，细分起来

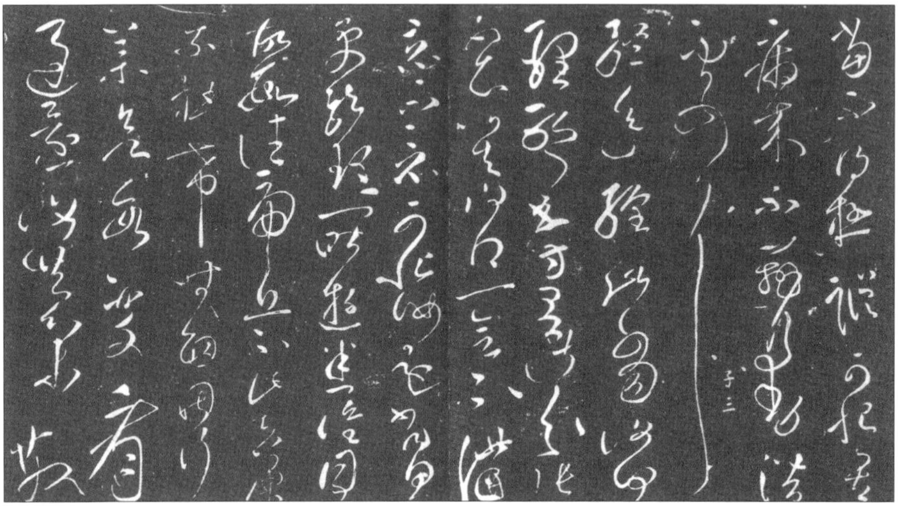

草圣张芝书法

也存在着“橘生淮南则为橘，生于淮北则为枳”的地域差异，大致以党河为界分东部和西部两个方言区。敦煌当地人把这两种不同的语言称为“河东话”和“河西话”，河东话可以归入中原官话的南疆片，语调较为圆润；河西话则属于兰银官话的河西片，带有明显的土语群特征。不管是河东话还是河西话，敦煌方言都是一种十分有特色、有趣味的语言。

就像每个地区都有自己的“土味儿”词汇表，敦煌方言也有自成一家的词语体系。外地人初来乍到时往往很难理解，要跟着几个土生土长的敦煌人一起相处几天，细细推敲、反复练习，才能品出一点其中的滋味。

“方言是籍贯的护照”，是我们证明自己家乡所在的一张名片。在普通话日益普及的今天，我们更加不能忘记自己的乡音，它连着我们扎根的那块土地。敦煌方言作为一则“有声广告”,影响力也在日益扩大。人们总是“听说”敦煌，如今，也更加关注“听”敦煌怎样去“说”。敦煌方言啊，对于背井离乡、漂泊在外的敦煌人来说，它勾着一颗游子心；对于建设家园、守土安疆的敦煌人来说，它牵着一片故乡情。

四、嫁娶筑屋之风

（一）合两姓之好：热闹的婚俗

几千年来，我国人民一直将婚嫁看作是一件“人生大事”，认为缔结姻缘是“合两姓之好”“继子孙宗嗣”的重要一环,也是男女双方走出亲族、成立“小家”的标志。一桩婚姻，甚至有时会在两国政治、部落盟约、家族交往中起到关键的作用。婚俗，作为嫁娶过程中约定而成的礼节，也被人们所重视。

早在上古的神话传说中，就有伏羲与女娲历经“点火、滚石、追逐”三道占卜考验而成亲的说法。我国古代有“六礼”之说，即“纳采、问名、纳吉、纳征、请期、亲迎”，是男女两家从议婚至完婚过程中的六种礼节。男方家要先请媒人询问女方的姓名、生辰八字，写在纸条上在宗庙中进行占卜。如果占卜没有发生异象，男方就要去女方家下聘，并择定婚期，告知女方家以求得同意。婚期前的一两天，女方家要为新娘子送嫁妆，隔日新郎官亲至女方家迎娶妻子。现代的婚俗不再如此繁琐，但人们依旧保留了传统嫁娶中一些代表热闹、吉利、喜庆的习俗，如放鞭炮、点红烛、剪双喜、封红包、喝交杯酒等等。

敦煌在漫长的历史中，一直受中原文化与西域文化的双重影响。另外，这里宗教盛行，佛家思想也对社会风俗有着潜移默化的影响。作为民间文化的一

莫高窟第 285 窟窟顶东披 伏羲女娲（西魏）

榆林窟第 25 窟　弥勒经变之吐蕃族婚礼（中唐）

部分，敦煌的婚俗也不例外，在其间可以看到中原、西域、儒教、佛教等多种文化并存的身影。

在敦煌现存的文物中，有许多关于敦煌古代婚姻礼俗的图像资料和文字记载。比如敦煌壁画里就有 46 幅“婚嫁图”，描绘有大量的婚礼场景画面。借助这些珍贵的史料，我们可以形象地了解古代敦煌地区的婚礼习俗。唐宋时期，敦煌地区的结婚形式与中原传统的习俗相同，在大婚之日，主人家一定会张灯结彩、敲锣打鼓，在家中大摆筵席、宴请宾客；新婚夫妇则要举行一系列的仪式，来宣告两人间婚姻关系的确立，在亲朋好友的见证下礼成，代表着这段婚姻取得了社会的承认。敦煌壁画的婚嫁图中，大都画有这一类热闹喜庆的婚宴场面。比较有趣的是，在榆林窟第 25 窟内，有一幅描绘“弥勒经变”的婚嫁图，生动记录了当时敦煌“搭青庐”“汉藏通婚”“男跪女揖”的独特婚俗。画中青布搭起的帷帐内设有一张围满宾客的长桌，帐外则置有屏障，一对新人正在此举行婚礼：桌案前的新郎身着吐蕃族服装、头佩发带，正在跪地叩拜；一旁的新娘则着汉族服饰，站立行礼。这种与中国古代“男尊女卑”截然相反的现象，与唐代“女帝”武则天执政时期女性地位的提高有关。“青庐”又名“百枝帐”，是北方少数民族的一种穹庐式建筑，因为由大量的木枝连锁搭建而得名，只有婚礼中搭起的百枝帐才称青庐。唐代小说《酉阳杂俎》中有记载：“北方婚礼，必用青幔为屋，谓之青庐，于此交拜，迎新妇。”可见青庐之俗在北地的婚嫁场合颇为风行。那么为什么要在婚礼中搭青庐呢？这与汉族人民图吉利、讨彩头的习惯有关。“百枝”谐音“百子”，寓意多子多福，搭青庐就像中原地区在洞房中撒百合、莲子一样，都是为了给新人以美好的祝福。不难发现，古代敦煌的婚嫁中不仅有少数民族的服装、建筑，更有中原汉族的礼仪、习俗，甚至有汉藏通婚的现象，体现出了敦煌地区对不同文明的包容和融合。

现代的敦煌婚俗，已经不同于古时的“六艺”，废除了一些过去的繁文缛节，简化为“做媒”“上门、看家道”“订婚”“结婚”“回门”五个步骤，更加开明、简便，体现了敦煌人在时代浪潮下的发展和创新精神。

其实，无论婚俗如何改变，都寄寓着人们对于美满生活的向往，是人们内心期盼的一种具象化形式。敦煌地区各类热闹、有趣的婚俗，体现着敦煌人民的热情善良、勇敢浪漫。这样一片神奇的土地，这样一群可爱的人民，怎么能不吸引大家向着敦煌来一场说走就走的旅行呢？

链　接

近代以来，破旧立新，婚姻走出了封建传统的窠臼。新式婚姻提倡男女相悦、自由恋爱、自主结合，婚礼也从传统婚姻的繁文缛节中解脱了出来。现今，在全球化的趋势下，“地球成一村”，婚姻已经打破了国家、民族、阶层的重重界限，更加开放。婚礼也可以按照不同的民族风俗及个人喜好，自由进行选择和安排，程序大为简化。婚典不仅可以在自家庭院举办，还可以在宾馆、饭店、教堂举行，旅行结婚也越来越受到年轻人的青睐。婚俗，正以更多元、更包容的姿态走向新时代。

（二）宅者人之本：特色的建筑

敦煌地处荒漠化地区，常年与风沙相伴，气候环境与中原地区有很大的差异，这种特殊的地理位置和自然环境，再加上悠久的民族杂居历史、多元沉淀的文化，共同造就了敦煌地区独具特色的建筑艺术。

任何一种地域建筑文化的形成都是与当地的自然环境分不开的。敦煌地区降水量少、蒸发量大，多风、多沙、多日照，这种环境特征直接影响了敦煌建筑的外观形态和建造方式。以民居为例，敦煌建筑带有明显的地域特色。

敦煌民居的原型，来自古代的“坞壁”。坞壁也叫作坞堡，“城之小者曰坞”，坞壁就像一座小型的城堡，是一种建在村落外围起屏蔽作用的土堡，集防御和居住于一体。《三国志》中有记载：“敦煌地接西域，道俗交得其旧式，村坞相属，多有寺塔。”最初，敦煌修建坞壁是为应对五胡十六国时期纷争的民族战乱，又高又厚的墙壁可以抵御敌人的侵扰；后来，这种防风沙、防日晒、防贼盗的建筑在自然环境的选择下逐渐演变成为当地的特色民居。随着历史的发展，这一民居的形态也不断完善，甚至出现了完备的遮阳系统，使敦煌人在干旱炎热的大漠生活得更加惬意舒适。另外，工匠在修建房屋的墙体时，往往就地取材，充分利用本地生产的红柳、砂石等材料，分层夯实墙基，既经济又实用，同时具有浓郁的地区特色。

除了“坞堡”，敦煌民居的另一种形态来自于唐宋时期的“四合院”。四合院又叫作四合房，是一种传统的中国合院式建筑，它的格局是在一个院子的四面建造房屋，把庭院合围在中间，所以叫“四合”。敦煌的四合院建筑大多修建有高大的围墙，呈现出一种“外闭内敞”的形态。院内移栽花木，设置水缸、盆景，乍一看有点老北京的风范，细看却又有不同。首先，敦煌四合院的围墙更加高大厚重，这有利于屏蔽日照、抵挡风沙，降低室内的温度；其次，房屋前设有外檐柱廊，当地人称“拔廊”，又能进一步地避免阳光对屋体的暴晒；最后，敦煌四合院的院落当中还会用杨树枝、葡萄藤搭建凉棚，可以随着季节变化而拆卸，在炎热的夏季就会成为人们遮阴纳凉、喝茶谈天的理想场所。2006 年，一支施工队在敦煌城市拆迁过程中意外地发现了三处清代的“四合院”民居，它们建筑结构独特，古朴典雅，保存完好，仍可以看到当年的风貌。敦煌四合院发展到现代，已经从狭义的居住空间走向了广义的城市景观，在保持传统特色的基础上向着社会的人文需求靠拢，成为集古雅和现代于一体的特色民居典范。

我们不难发现，敦煌的建筑文化是一种多元文明的荟萃集成。自汉唐以来，丝路兴衰、民族迁徙、中西交流、佛教东渐等，都对敦煌产生了重要的影响。多民族文化的频繁交流、融合与积淀，使敦煌地区形成了不同于内地的文化形态，集农耕、商贸、战争、宗教等多种文化于一炉，并在建筑上有所体现。安土重迁的小农经济令敦煌建筑以坚固、实用为主要特色。商贸的往来让其在形制上不拘泥、不古板；纷飞的战火让它注重防御性，盛行的宗教又让它更具异域的神秘风情……从现存的敦煌壁画上来看，历史上敦煌的建筑类型十分丰富，有佛寺、城垣、住宅、宫殿、衙署、塔、阙、穹庐、帷帐、草庵、客栈、桥梁等多种形制，几乎囊括了中国古代社会的全部建筑类型。它们的建构十分精致，色彩装饰也异彩纷呈，一方面继承了中原地区的建筑传统，一方面发展出了融合佛教艺术与西域文明的创新之处。

在如今全球化、一体化的大背景下，传统的地域建筑文化受到了强烈的冲击，许多国内历史名城的建筑形态和城市风貌都失去了原有的独特风致，变得“千城一面”。敦煌的建筑在时代的潮流中仍然保持着自己的特色，是一种对文化历史的尊重与传承，让我们对敦煌这片土地更加向往留恋。

链 接

“一切建筑都是地区的建筑”，敦煌的建筑就是千百年来地区文化的缩影。它们像散落在沙漠中的一把珍珠，是一个个自成空间的博物馆、民俗区。提到敦煌的建筑，我们不应该只想到闻名遐迩的“莫高窟”，还应该了解这片土地上那些形制丰富、独具特色的民居、寺庙、帐庐，全方位多角度地品味敦煌建筑文化，着眼“新时代的敦煌”，追溯“历史上的沙州”……

第三章　鬼斧神工
——石窟与雕塑

单元案头

石窟是古代建筑中的一个特殊类型，它既是巨大的建筑工程，又是伟大的艺术创作。敦煌石窟艺术，是以佛教文化为主线，汇聚建筑艺术、彩塑艺术和壁画艺术为一体的文化综合体，实用性与审美性在这里得到了高度完美的统一。这里的石窟与雕塑，更像是一座由大自然亲手执斧持刀、精心雕凿，为我们留下的艺术珍品。波映重阁，风鸣树道，山水掩映间，它遗世独立，静待我们前去发掘。

敦煌石窟，就像一座沉睡千年的宝库，一经开启必将震惊世界。自1900年藏经洞被发现以后，敦煌石窟蜚声中外，引得无数人前来探寻它那无穷的奥秘。静静安放于石窟之内的经卷只是这座宝库中的一小部分，集造化之功的石窟建筑，汇匠心之笔的雕像彩塑，都是惊艳世人的无价之宝。“丝绸之路三千里，华夏文明八千年”，陇西边，丝路畔，石窟与雕塑既是古老敦煌的文化印记，也是先辈留给我们的不朽财富。

一、洞窟修凿之繁

（一）筹建：众志成城，千锤万凿

提到敦煌，就不得不提到这里巧夺天工、令人震撼的石窟建筑。敦煌石窟是一个较为宽泛的概念，不仅包括位于敦煌市境内的举世闻名的莫高窟、西千佛洞，还包括瓜州县境内的东千佛洞、小千佛洞、榆林窟，肃北县境内的一个庙石窟、五个庙石窟，玉门市境内的昌马石窟等等。由于这些大大小小的石窟在艺术风格上与敦煌地区最大、最著名的莫高窟一脉相承，在古代又都由敦煌郡所统辖管理，所以统称为“敦煌石窟”。那么敦煌的石窟究竟是何人所建，用了什么样的方式修凿，又花费了多少岁月呢？这是每一个来到敦煌的人心中都会有的疑问。随着越来越多的敦煌壁画、文书被专家研究破解，这些问题渐

榆林窟外景

渐有了较为明晰的答案。

佛窟，最早是为供僧侣静心修行而在深山僻谷之处开凿的洞穴。那么是否敦煌石窟的修建者就仅限于佛门中人呢？答案是否定的。敦煌石窟的修建者可以说囊括了整个社会群体，并不仅仅局限于某一特定的阶层。归类后，大致可以分为出名的“窟主”、出资的“施主”以及出力的“工匠”这三种类型。

窟主，顾名思义，就是石窟的主人；施主，则是出钱帮助窟主建窟的人，他们无偿地参与修建佛窟的过程，为其筹资筹力，多半是为了施香火、积功德、化灾厄、结善缘。根据史料的记载，敦煌石窟的窟主和施主来自各种不同的社会阶层。以莫高窟为例，这里的窟主和施主不仅有乐僔、法良这样的沙门僧侣，还有当地的官员仕宦，如节度使张淮深；有张氏、索氏、李氏这样的当地名门望族、世家豪绅，甚至还有普通的平民百姓。这一方面可以表现出当时佛教在敦煌地区的流传之盛、受众之广，一方面也能反映敦煌石窟的海纳百川之容。

工匠，是真正动手去修凿石窟的一群人。按照实际建造过程中的不同分工，这些工匠又可以分为负责凿窟的石匠、负责雕像的泥匠和塑匠、负责彩绘的画匠和为大殿搭棚筑顶的木匠等等。根据敦煌文书中《营窟稿》的记载，一个佛窟从开始修建到竣工，需要经过整修崖面、凿岩镌窟、塑造佛像、绘制壁画、装饰窟檐、营造殿堂等等诸多程序，可想而知，在没有机器、没有先进设备的古代社会，这是一个多么漫长又艰辛的过程。修建洞窟的工期长短会受很多因素的影响，比如洞窟规模的大小、窟主财力势力的高低、社会环境是否安稳等等。一般来说，仅仅从山壁上开凿一个小型洞窟就已经需要花费数月至一年的时间，较大的洞窟需要两三年，而内含高达数十米佛像的超大洞窟则需要花费至少四五年的时间才能够完成。在开凿之后，佛窟内部还需进行为期数月的装饰，由技师和匠人进行塑像、绘画，搭建穹顶以及窟檐，这样，一座完整的“敦煌石窟”才算最终修建完成。

如果要用一个词来概括敦煌石窟的建造过程,那么说"千锤万凿"毫不为过。作为修建佛窟的基础一步，凿洞打窟可谓是个“技术活”。据文献记载，敦煌当地存在着这样一群“打窟人”，他们负责对石窟进行选址、测量、设计和施工，是一支特殊的建筑工程队。不要小看这其中的技术含量，若是在选址和测量上出现纰漏,打窟难度提高了不说,还有可能会“误伤友邻”,打穿到隔壁的洞窟去；设计和施工则更加需要认真对待，要在莫高窟有限的空间内把精巧的构思化成现实，既不能肆无忌惮地大开大阖，也不能瞻前顾后地畏首畏尾，无论哪一步出现失误都会导致最后石窟的建筑效果大打折扣。

在石窟的修建过程中，也存在着许多的困难和挑战。莫高窟地处戈壁，常年干燥少雨，这里的岩石在地质上属于第四系酒泉砾岩，由砾石和砂土胶结而成，大多为厚层块状。这样的岩石虽然硬度低、好开凿，却也因为内部卵石沙砾大小密度不均匀，容易呈现出不平整的表面，而给石窟的修筑带来困难。聪明的工匠想出了“石不够，泥来凑”的办法来应对这一难题，用抹泥的方式帮助石壁“找平”。这也能解释为什么莫高窟中，雕塑和壁画的内胎外大都有一层泥塑、泥壁。另一个筑窟的挑战是如何处理施工产生的废弃砂土。如果从下向上挖凿，掉下的石块粉尘就会四处溅落，影响工程的进展。因此，莫高窟在修建中大多采用由上而下的开凿方式，先从确定好位置的“门窗”挖一条通往顶部的通道，再由顶部慢慢向下开凿。这样一方面较为安全，有重力的帮助，凿出的废料不会干扰工匠；另一方面可以借助渗水的方法浸泡石料，令其更加松散，便于开采挖凿。根据有关记录，当时敦煌开凿石窟的工具主要有锤、钩、錾、绳等等，可以想象，在没有机器、没有炸药，全部靠人工一锤一錾挖凿的古代社会，开窟造像是多么的艰难。

众志成城佛龛现，千锤万凿神窟出。承载着众人对佛法的信仰，借助着匠人对艺术的雕琢，敦煌石窟由一及二,二及三,三及千千万，终于渐次落成，呈现出了“千佛之窟”的壮丽奇观。如今我们再走进这建筑的宫殿，轻抚岁月在这里留下的刻痕，似乎仍能感受到古人修建佛窟时那虔诚的赤子之心。

（二）形制：前室后窟，木构为辅

敦煌石窟在绵延千年的修筑史上，出现了姿态各异的数类窟形。这种石窟形制选择的发展演变，原因很复杂，关系到历朝历代不同的信仰形态、审美需求，也结合了不同山崖的石质、周边景色考虑，是一种因时、因地综合考量下的结果，也是敦煌漫长的历史、文化、艺术演化的见证。整体来讲，敦煌石窟呈现出“前室后窟”的建筑特色，又往往辅助有木结构的建筑，如窟檐、殿堂、栈道。

前室，是石窟的“门面”，连接着代表俗世的外部空间与代表佛界的内部空间，人们在经过这里时要经历情绪上的转化。从形制上来讲，敦煌石窟的前室可以分为敞开式、封闭式、甬道式三种。敞开式又称不完整式，指那些前壁不完整、只余左右壁和后壁而向外敞开的前室；封闭式又称完整式，在前壁的中央开有窟门，如今留存较少；甬道式又称厚前壁式，由岩面开凿一条甬道通往前室的前壁中央，甬道往往达七八米之长。另外，敦煌石窟的前室往往建有木雕或石凿的窟檐，营造出一种殿堂的气氛，将“佛门清净”与“尘世凡俗”进行了交融，让人产生亲近之心的同时也做好了礼佛的准备，完成了心态上的过渡。

后窟，也就是主室，是石窟真正的“核心”。敦煌石窟虽有千数之多，却如同千人千面，各有不同。石窟的面积也相差甚远，最大的第 16 窟面积达 268 平方米，最小的第 37 窟则高不盈尺，精巧细致。敦煌石窟的主室可以分为中心塔柱窟、中心佛坛窟、覆斗顶形窟、大像窟、涅槃窟、禅窟、僧房窟等不同形态。

中心塔柱窟，顾名思义，在窟的中心立方形柱，又称“塔庙窟”，是北朝洞窟的一种常见形制。洞窟平面为长方形，前部有“人字披”屋顶，后部则是

莫高窟第 254 窟窟室（北魏）

撑顶柱的四面开龛方柱。这样就把洞窟分割出了前后两个空间，前部是殿堂，供信众礼拜；后部的甬道式空间则可以供佛教徒绕行，观像礼佛。这是对印度“支提窟”形式的一种借鉴和改良，与当时佛教徒巡礼、坐禅、观像的修行方式有着密切的关系。其典型代表是莫高窟第 254、248、428 窟等。

中心佛坛窟，在窟的中心设有佛坛，又称“殿堂窟”“佛殿窟”，是晚唐、五代时期的一种代表窟形。洞窟平面为方形，窟顶四角常为弧面，画有“四大天王”。窟中心的佛坛上塑有佛像，与洞壁之间留有距离，可以作为通道；坛前则设有阶陛，后部的背屏与窟顶相连。佛教徒可以在这里右旋佛坛，礼拜佛像。莫高窟第 85、98、146 窟等都属于这一种形制。

覆斗顶形窟，因窟顶的形状像一只倒过来的斗而得名。这一类窟形在莫高窟中最为常见，是敦煌石窟的一种主要形制，在各时代都有修筑，主要集中在隋唐两代。洞窟平面为方形，受汉墓形式的影响，窟内多在后壁即西壁开凿一个佛龛，内造佛像。这种形制的洞窟不再供佛教徒绕塔回行，而是作一般的供奉礼拜活动之用。典型代表如莫高窟第 220、328、420 窟等。

大像窟，就是在主室正壁塑有大像的石窟。大像立于像台之上，往往远超真人的身高，为石胎泥塑造像，外有彩绘。此类石窟上大下小，下部平面呈方形，空间高耸。莫高窟第 96 窟大像高达 33 米，第 130 窟大像高 26 米，榆林窟第 6 窟大像高度也在 20 米以上。人站在窟前仰视佛像，更能感觉到佛的庄严伟大，和自身的细微渺小，从而对佛法更有向往、敬仰之心。

涅槃窟，是将“涅槃像”作为主体的一种形制。佛教所说的涅槃，就是修真悟道，成无上正觉，解脱生老病死和轮回之苦，进入不生不灭的境界，永享极乐。为了宣传这种思想，就在洞窟中修筑了释迦牟尼的涅槃卧像。这类洞窟平面为长方形，后壁有贯穿全窟的佛床，佛陀的涅槃像横卧于上，体态轻柔，神情安详。其代表有莫高窟第 148、158 窟等。

莫高窟第 158 窟　涅槃像（中唐　吴健摄影）

禅窟，又称毗诃罗式窟，意为住所、僧院，是供僧侣坐禅修行而用的洞窟。这种窟形在主窟的左右两壁，各开凿有四到八个不等、一米见方的小型洞窟，僧侣可以在小窟中习禅静坐。如莫高窟第 267-271 组窟、285 窟等。

僧房窟，是供僧侣和建窟工匠们生活起居的洞窟，与传统寺庙中的僧房并无明显差别。这一类型的洞窟，形无定制，洞口狭窄，石窟内的空间也比较小，多数仅有几平方米。内部几乎没有壁画、塑像，较为朴素、简易，是僧人们苦修生活的真实反映。

除了以上介绍的七种主要形制外，敦煌石窟还有一些次要的形制。这些形形色色的洞窟同中有异，别有奇巧，各具特色，共同成就了敦煌这座“石窟艺术博物馆”。

另外，虽然敦煌石窟以“石”为名，但木质的窟檐、殿堂、栈道也是它不可或缺的一部分。由于木质相比于石质更加脆弱，如今的敦煌石窟中仅留存有一小部分的木构建筑，如莫高窟第 16 窟前的“三层楼”、96 窟前的“九层楼”等等。但我们仍可以通过这些巍峨绮丽的建筑，遥想当年敦煌石窟“朱栏绣柱”“檐飞雁翅”，“傍通阁道，巡万像如同佛国”的壮观景象。朽木已化作尘土消逝在历史的长河中，关于它们的记载却留存在史书文献当中，让我们去惊叹，去追思，去寻访那辉煌灿烂的文明。

链 接

敦煌石窟兴衰起伏的历史背后，是一种精神力量的支撑。千年以来，历朝历代的僧侣、仕宦，官兵、百姓，工匠、画师，年复一年薪火相传，为中华乃至世界留下了一座巨大的艺术宝库。他们对宗教有着虔诚的信仰，对理想有着不懈的追求，正是这种无私奉献的精神，造就了流转至今、闻名遐迩的敦煌石窟艺术。

二、敦煌雕塑之美

（一）泥土脱胎彩点睛

雕塑艺术，在敦煌石窟中占有非常大的比重，是佛教筑窟来供奉的神灵塑像，因而是整个敦煌石窟艺术的一大主题。从莫高窟现存最早的第 275 窟来看，较之于印度石窟的石刻雕塑方式，敦煌石窟从一开始的十六国时期就已经另辟蹊径，采取了一种以泥雕加彩绘来塑像的独特方式。这种泥塑艺术贯穿了敦煌石窟的各个历史时期，却并不是敦煌刻意为了标新立异想出的“新点子”，而是受地理条件制约之下采取的应对之法。敦煌石窟的选址大多位于砂砾岩地质区，这种卵石和沙土的混合土质既疏松又粗糙，雕刻石塑较为困难。因此，工匠们因地制宜，结合当地传统的泥塑技艺，发展了敦煌石窟泥土艺术的风格，采用“泥塑”加“彩绘”的办法塑造佛像。也正因如此，敦煌的雕塑又被称为“敦煌彩塑”。

在敦煌石窟的建造过程中，窟内的彩塑制作是由塑匠和画匠共同完成的，分为泥塑和彩绘两个程序，包含搭骨架、制泥、塑造、着色敷彩四个步骤阶段。

搭骨架，要根据塑像设计体量的大小选择不同的原材料，有木胎、木架、石胎三种结构，其中木架结构最为常见。木胎结构，就是用木料先削出人物的大体结构，再覆上薄薄的一层细泥，一般用于小型彩塑的雕塑。由于这些木胎本身已经具备了人物形体的基本结构和生动姿态，后期的塑造工艺就变得相对简单了。木架结构，就是取材于红柳等当地树木，以树枝、根茎等稍加斧凿，扎制成为人物骨架，一般用于中型彩塑的雕塑。由于树木的枝干大多带有一定的弧度，又极具韧性，可以人为地进行弯曲，因此非常适合表现人物高低起伏、丰腴圆润的体态，还可作为衣褶飘带、五官配饰等细节之处的骨架。石胎结构，是唐代大佛等高达二三十米的巨型彩塑常采用的一种骨架结构，因为如此大的

莫高窟第 45 窟 彩塑一铺（盛唐　孙志军摄影）

塑像对于木质结构来讲搭造过于困难，且木材质地脆弱，不易长久保存，因此工匠们会在开凿洞窟时在窟内预留出用来塑像的石胎，然后再于石胎上精雕细琢，最后在石胎表层敷制泥外层。

制泥，是与塑造骨架同等重要的一个步骤。敦煌彩塑的制泥，分为粗泥、细泥两种。粗泥用来填充塑像里层，使用适量的黄沙、麦草等植物纤维与水混合制作而成；细泥则用纸浆泥或者棉花泥，再掺入适量的蛋清、米汁来增加胶性，敷在塑像外层可以使泥胎不开裂、不脱落，质感光洁细腻，更易上色。

塑造，包含上大泥、塑形、收光三个程序。上大泥就是用上文提到的粗泥覆盖骨架，塑出大概形状；塑形则是辅以芨芨草或者芦苇等草木，进一步捆扎出人物的大体结构，这样既减轻了泥的厚度，使骨架不至于负重过大，也为精准地塑造人物形象奠定了基础。上大泥和塑形要层层交替，循序渐进，每层的水分挥发到七成之后方可进行下一层加泥，是一个慢工出细活的过程。最后，在泥塑表面的处理上，要选用质地细腻、润滑的细泥，宁薄勿厚，只在表面薄薄的敷一层来“找平”，并在其阴干过程中用塑刀反复地压实、收光。这种一边塑造，一边控制水分挥发情况，最后压实收紧的分层塑造手法，制作出来的泥塑表面光洁无痕，基本不会开裂变形，为下一步的彩绘打下好“底子”。

着色敷彩，是敦煌彩塑的最后一个步骤，多采用矿物质颜料，早期以朴实厚重的土红为主导色，中、后期则更为广泛地运用青绿色调，使彩塑华丽而不失清新质朴。红、黄、绿、青、蓝、黑、白等各种色彩交替，对比强烈、鲜明而又统一和谐，呈现出一派热烈奔放、瑰丽无比的气氛。人们步入洞窟之中，仿佛身心已经进入庄严华丽、迷幻神奇的佛国净土。从制作工艺和技法来看，为佛像敷彩与一般的民间彩绘存在着诸多不同。从某种意义上来讲，这种为大型、大量泥塑敷彩的工艺已经不再局限于简单的上色了，而更像是在雕塑上进行绘画创作，它要求画工对人物体态、神情、衣着、姿势等各方面都有全面的了解，甚至要掌握塑型方面的知识，才能在敷彩中再现佛像的神韵。这种“绘塑结合”的技法，以敦煌石窟中的唐代彩塑为典型代表。比如莫高窟第 45、194、205 等窟，画工除了根据泥塑轮廓描绘出塑像的五官、须发、服饰、器具并敷以和谐的色调外，还大胆地结合了当时的审美风尚，在人物的衣裙甚至佛陀的袈裟着色上运用了描绘花卉山水的技法，使泥塑别有一番风采，更添魅力。绘以塑生辉，塑以绘增色，两相结合而产生了“一加一大于二”的效果，形成了敦煌彩塑制造过程中的独特风格。

脱胎于泥而成于彩，正如佛陀生于众人而沐法成圣。修行之路漫长、孤独、坚忍，需要层层递进，不断地雕琢自我。然而终有一朝，可以施红点翠、彩釉加身，可以菩提静坐、了悟成佛，这时就会湛然发出耀眼的光芒，成为全新的自我。

莫高窟第 205 窟 中心佛坛　胁侍菩萨（初唐　吴健摄影）

链 接

敦煌彩塑在造型特征上，不同的时期有不同的特点。北魏以前的塑像，脸型长方，肩宽胸平，衣着式样为右袒式或通肩式，菩萨梳有高髻，上身半裸，神情端庄，可以看出受外来文化以及北方少数民族文化的影响较重。北魏孝文帝改制以后，中原审美观念更多地融入敦煌彩塑的风格之中。这一时期的彩塑脸型瘦长，体型扁平，瘦而不失骨法，服饰部分也融入了中原汉式衣冠，佛像内穿交襦，后套对襟袈裟，腰围长裙，是世家大族、文人清客所提倡的“秀骨清像”审美意趣的体现。另外，在北朝末期的北周，由于北方民族的统一以及南北文化交流的加强，敦煌彩塑出现了“面短而艳”的新形式，佛像呈现出头大、体壮、脸型方阔的特征，标志着彩塑艺术风格的又一次转变。

（二）巍巍大佛与三千小像

敦煌石窟有“千佛之国”的美誉，其保存古代雕塑佛像历时之长，数量之多，技艺之精，均为世所罕见。在时代上，敦煌佛像的雕塑上起东晋十六国晚期，中经北魏、西魏、北周、隋、唐、五代、宋，下至回鹘、西夏、元直到清，历时一千余年而未曾断绝；在数量上，现存的敦煌佛像超过 3000 余尊，其中圆雕 2000 余尊，浮塑 1000 余尊。它们以莫高窟为中心，分散在敦煌地区的约 577 个洞窟里，体型差异巨大，有三十多米高的巨像，也有十几厘米的小像。然而它们无论高低大小，都别有韵味，或壮美，或精美，体现着敦煌雕塑艺术的独特魅力。

北大像，是敦煌莫高窟最具代表性的一尊“大佛”。它位于莫高窟第 96 窟，建于初唐，洞窟直通崖顶，高 40 米，窟外有九层木构建筑，高 45 米，俗称“九

北大像

层楼”。北大像就在窟内依崖而塑，高 35.5 米，是一尊弥勒佛像。在室内泥塑造像中，它的高度居全国之首，因此号称“室内第一大佛”；同时也仅次于露天的乐山大佛和荣县大佛，是世界第三大佛。因其位于第 130 窟大佛之北，所以被称为北大像。它最早由禅师灵隐及居士阴祖等人建于695年，当时正处于武则天时代，大力推行佛教，修寺筑窟在社会中蔚然成风。五代后，因地震而被毁，我们现在所见到的北大像，乃是后人根据留存下来的石胎复原而成的。1928年，人们重修九层楼时对大佛进行了重新妆绘，彩绘僧衣覆肩掩腋，土红袈裟的垂裾边沿绘有清代的云龙纹饰。虽然在装饰上稍有变动，但北大像基本上仍旧保持了初建时的总体造型，可供我们观佛礼拜，追慕唐风遗韵。

莫高窟的第二大佛，是第130窟中的南大像。它高26米，也是一身弥勒像。其面颊丰腴，神情庄静，双腿下垂，两脚着地，左手抚膝，轻柔自然。在腿上置经书，右手施无畏印，肘倚在经书上。佛头微俯，双眼微合下视，略含笑意，神情庄重慈祥。与仰视者的目光相接，神人感应，增加了宗教的感染作用。南大像基本保持了唐代原貌，与北大像分列两端，像敦煌石窟中的两尊守护神。

除了巍峨庄严的大佛之外，敦煌石窟中还有一类独具特色的佛像，即“三千佛”。这源自佛经所记载的“过去庄严劫”“现在贤劫”和“未来星宿劫”三世出生的“三千佛”之说。在敦煌石窟中，这类塑像常以影塑的方式来完成，即先制模，后贴于墙壁，最后上色绘彩。我们现在可见的千佛像有塑于中心柱龛顶部的类型，如莫高窟第288窟；也有塑于佛窟四壁的类型，如莫高窟第428窟。

另外，除了各种各样的佛陀像，敦煌石窟中还存在有大量的菩萨像与弟子像，还有诸如天王、力士、飞天等塑像。

菩萨，是梵文音译“菩提萨埵”的简称，意为“觉有情”“道众生”，是解脱众生苦难，在未来成就佛果的修行者。由于在佛教的教义当中，菩萨是以“普度众生”为最终目的而进行修行的，因此敦煌石窟中的菩萨像往往神态悲悯安详、衣着飘逸，且多以女性姿态出现，以女性的婀娜多姿来表现菩萨的温柔善良。例如莫高窟第420窟内的观音像，双眼微合，面带微笑，右手执净瓶，左手持柳枝，表现出了菩萨的温和、慈悲。

莫高窟第 130 窟之南大像（盛唐 吴健摄影）

弟子，指佛教中那些听从佛的教导，而自我修行最终顿悟佛法的修行者。弟子不像菩萨一样以渡人为己任，他们只求解脱自己，因而最高果位仅为罗汉。在敦煌彩塑中，弟子像常作为佛像的陪衬出现，如莫高窟第 328 窟的阿难像，就位于主室正龛龛内佛像的南侧。阿难是释迦牟尼的堂弟，也是佛陀座下的十大弟子之一，多闻佛法，长于记忆。此像身躯微倾，双目微睁，文静之下不掩睿智，好像正在出神地聆听佛祖讲释佛法。

天王和力士，常一同出现在敦煌彩塑当中。佛教中的四大天王分别为：东方持国天王，身为白色，手抱琵琶；南方增长天王，身为青色，手持利剑；西方广目天王，身为红色，手绕神龙；北方多闻天王，身为绿色，手托宝塔。力士则是佛教中的护法神，对称守护于佛陀两侧，也就是我们民间俗称的“哼哈二将”。天王像和力士像在敦煌石窟中大多出现在主佛的四周，或者塑于窟顶四角，表示辅佐前后、护持四方之意。

飞天，是印度神话中乾闼婆和紧那罗的复合体，传入中国后则在造型上更加强调了音乐性和舞蹈性。飞天像从形态上可以分为三类，一是供奉飞天，塑像多双手合十，或手捧花果奉献佛陀；二是散花飞天，表现为手托花盘花瓶，拈花散布；三是伎乐飞天，塑像手持各种乐器，姿态妖娆，仿佛在载歌载舞。

宝相庄严的佛陀，慈悲温和的菩萨，智慧机敏的弟子，还有威武的天王，勇猛的力士，飘逸的飞天……共同构成了敦煌彩塑下的佛国净土，它们或单独成像，或三五为群，相映成趣，俨然是一方秩序井然的大千世界。

敦煌彩塑的发展过程，是吸收、消化外来雕塑艺术并把它融合到中国传统艺术之中的过程，也是我国佛教雕塑逐步本土化、民族化的过程。在这个发展过程中，敦煌彩塑艺术，在当地传统技艺的基础上博采众长，由借鉴模拟发展到自成体系，形成了独具地方色彩的艺术风格，成为我国雕塑艺术史上的一块丰碑。

链 接

敦煌彩塑最突出的艺术特点是整窟塑像和壁画互相结合，互相呼应，互相陪衬，互相补充，互为一体。佛龛、佛坛上的彩塑与四壁的

莫高窟

绘画交相辉映，相得益彰，既达到了整窟艺术的和谐统一，又衬托出塑像在窟中的主体地位。另一特点是丰富多彩，姿态各异。所塑神像类型有限，在窟中重复出现，容易千人一面。但匠人们凭借着丰富的想象力，将同一神像塑造出了形神风貌各不相同的千姿百态，极富艺术感染力和欣赏价值。

三、敦煌石窟之璀

（一）东方的卢浮宫：莫高窟

言及敦煌，必绕不过莫高窟。正是莫高窟的发现，使边陲一隅的敦煌突破了疆域的边界，成为高悬在人类世界文明天宇之上的“大敦煌”。让我们拨开历史的烟尘，走近莫高窟这座神秘的佛教殿堂，来探寻这千古一窟的前世今生。

早在唐代，就有人盛赞莫高窟道：“西连九陇，东接三危；川恒绮错，物产瑰奇；花开德水，鸟弄禅枝”“斯构矗立，雕檐化出，巍峨不让龙宫”。从现状来看，莫高窟开凿在远离敦煌城东南25公里的鸣沙山断崖上，面朝三危山，其下有大泉河自南向北地奔流而去。这里远离尘俗，不闻喧嚣，极目所见均是清幽秀美的自然风光。更重要的则是由于大泉河的存在形成了一派清幽的大自然风光。不知当年乐僔禅师在这里观佛光而悟佛法、凿出第一个洞窟的时候，可否预想到了日后莫高窟“千佛万洞”的壮丽景象？

如今的莫高窟，历经十六国、北朝、隋、唐、五代、西夏、元等历代的兴建，已经蔚为壮观，现有洞窟735个，壁画4.5万平方米，泥质彩塑2415尊，是世界上现存规模最大、内容最丰富的佛教艺术圣地。近代以来，藏经洞内5万余件古代文物的发现，又为我们研究敦煌乃至整个西域、整个华夏的文化历史提供了重要的史料支持。敦煌莫高窟也由此与山西大同云冈石窟、河南洛阳龙门石窟、甘肃天水麦积山石窟并称为中国“四大石窟”。

莫高窟之所以被称为“东方的卢浮宫”，是因为它可以称作是一座集建筑、雕塑、绘画艺术于一体的殿堂，历经千年的风雨，依旧精美壮观。莫高窟现存有壁画和雕塑的石窟有492个，它们是莫高窟的主体建筑，也更受人们的关注。从修筑历史来看，这些石窟开凿年代大体可分为：北朝、隋唐、五代、宋、西夏和元这几个时期。

开凿于北朝时期的洞窟共有36个，其中年代最早的可能建于北凉时期。窟形主要是中心塔柱窟、中心佛坛窟和禅窟；彩塑采用了独立成像的圆塑和印模于壁的影塑两种手法，人物体态健硕，神情端庄宁静，风格朴实厚重；壁画内容则有佛像、佛经故事、神怪、供养人等，前期色调热烈浓重，线条纯朴浑厚，人物形象挺拔，有西域佛教的特色，后期色调趋于雅致，风格洒脱，具有中原的风貌。典型洞窟有第249、259、285、428等窟。

隋唐是莫高窟发展的全盛时期，现存洞窟有300多个，有佛像、雕塑等内容的洞窟超过总数的一半。在这一时期，中心塔柱窟和禅窟逐渐式微，而同时

莫高窟第 61 窟西壁　五台山图（五代）

大量出现的是中心佛坛窟、大像窟、四壁三龛窟等形制。其中，中心佛坛窟的数量最多。隋唐时期的莫高窟塑像造型浓丽丰腴，风格更加中原化，并出现了前代所没有的高大佛像。壁画的题材丰富、场面宏伟、色彩瑰丽，美术技巧达到空前的水平，内容主要有佛像、经变、佛教史迹、佛教故事和供养人等。代表洞窟有第 159、220、320、329 等窟。

五代和宋时期的洞窟现存近 100 个，多为改建、重绘的前朝窟室，形制主要是中心佛坛窟。塑像和壁画都沿袭了晚唐的风格，但愈到后期，其形式就愈显公式化，美术技法水平也有所降低。从晚唐到五代，统治敦煌的张氏和曹氏家族均崇信佛教，为莫高窟出资甚多，因此供养人画像在这个阶段大量出现，内容也很丰富。这一时期的典型洞窟有第 61 窟和第 98 窟等，其中第 61 窟的《五台山图》是莫高窟最大的壁画，高 5 米，长 13.5 米，是一幅地图，绘出了山西五台山周边的山川形胜、城池寺院、亭台楼阁等，堪称恢宏壮观。

西夏和元代的洞窟现存有 85 个。其中西夏窟有 77 个，多为改造和修缮的

伯希和在藏经洞翻检文物

前朝洞窟，形制和壁画雕塑都基本沿袭了前朝的风格。一些洞窟中出现了回鹘王的形象，可能与回鹘人有关。而到了西夏晚期，壁画中又出现了有关西藏密宗的内容。元代窟只有 8 个，全部是新开凿的，出现了方形窟中设圆形佛坛的形制，壁画和雕塑基本上都和西藏密宗有关。典型洞窟有第 3、61、465 等窟。

可以看到，千年以来，莫高窟的修建几乎从未停止，然而它真正震惊世界，却是由一个“意外”所致。

1900 年，在莫高窟居住的道士王圆箓为了将部分遗弃荒废的洞窟改建为道观，而对莫高窟进行了大规模的清扫。当他为第 16 窟清除淤沙时，偶然发现了窟内北侧甬道壁上有一个小门，打开后，出现了一个长宽各 2.6 米、高 3 米的方形窟室，内有从 4 世纪到 11 世纪的历代文书和纸画、绢画、刺绣等文物 5 万多件，让全人类为之惊叹的“莫高窟藏经洞”终于重见天日。

藏经洞是中国考古史上的一次非常重大的发现，其出土文书内容丰富，体裁多样，其中不少是十分珍贵的孤本、绝本。这些文书经卷的发现，对研究中国和中亚地区的历史，都具有重要的史料和科学价值，并由此形成了一门以研究藏经洞文书和敦煌石窟艺术为主的学科——敦煌学。然而，国有重宝必引人觊觎，一些远道而来的“探险家”在藏经洞拨云见日之际，却为这里笼上了一层阴影。以斯坦因、伯希和为代表的这些西方人，巧取豪夺，把无数的珍贵文物带去了异国。

（二）辉煌与华彩：东西千佛洞

敦煌自古以来就是丝绸之路上的重镇，在历史上颇为繁华，周边石窟寺亦有许多。其中，西千佛洞和东千佛洞通常被看作是莫高窟和榆林窟的分支。西千佛洞因位于莫高窟和敦煌城以西而得名，东千佛洞则因位于榆林窟以东而得名。

1. 西千佛洞

西千佛洞，位于敦煌市西 35 千米附近党河北岸的悬崖峭壁之上，东西长约百米，与莫高窟仅隔着一道鸣沙山。从敦煌西行至阳关的途中，“阳关大道”的左侧不远处，即为党河。河的两岸，一面是寸草不生、荒凉贫瘠的茫茫戈壁，一面是高低起伏、绵延逶迤的漫漫沙山。西千佛洞，就坐落于沙山的尽头。这里在山穷水复之处又豁然开朗，宛若桃源，陡崖深壑处有浓荫蔽天，崖下滩地处有红柳丛生。虽然西千佛洞的规模远不如莫高窟那样宏大壮观，却胜在清凉幽静，风光宜人。百年老树遮蔽着烈日，泠泠山泉滋润着土壤，这里仿佛与其外炎热干旱的戈壁滩处于两个不同的世界，令人心旷神怡。

西千佛洞是敦煌石窟建筑体系的一个重要组成部分。它的开窟年代已经难以准确追溯，但据藏于巴黎的敦煌遗书记载，西千佛洞的开凿时间应早于莫高窟，最晚也与莫高窟属于同一时期。由于党河流水的不断冲刷磨损，加之自然灾害和人为毁坏，这里现存的洞窟仅有 16 个（也有学者称实际上有 22 个），大多都是北魏至宋代时期所开凿的。有一部分窟位置过高，不能登临，只能在崖下仰望；可供游人仔细观赏的洞窟只有 9 个。大体上来讲，西千佛洞石窟的整体艺术风格与莫高窟的风格一脉相承，可能与它们的地理位置、建造时间都比较接近有关；但在彩塑手法、壁画内容等方面也有其自身的韵味风采，为敦煌石窟的多样性做出了贡献。

西千佛洞保存较好的 9 个石窟中，以第 19 窟最为特殊。此窟建于五代，并于宋代重修。主室有呈纵向的圆拱形顶，正面即北壁开有一方大龛，龛内存主尊倚坐佛一身，西侧则有残存的胁侍菩萨一身。这尊倚坐佛像，是西千佛洞中保存最为完整的一身五代时期的彩塑，佛像左手抚膝，呈倚坐之态，这是敦煌石窟中弥勒佛的典型坐姿。在塑造手法上，此像延续了唐代以来人物面相饱满、体态丰腴的特色，姿态十分优美。另外，窟内沿东西两壁筑有像台，原塑十六罗汉像，现存十三身；在石窟壁面还绘有罗汉像，与彩塑交相辉映。在敦煌石窟中，以绘塑结合的手法在一个洞窟中表现如此多罗汉像的并不多见，因而此窟又被称为“罗汉堂”。

近年来，在各级有关部门的关注和帮助下，西千佛洞进行了全面的修缮和加固，古老的石窟焕发了新的青春，吸引了更多的游人前去探访。

2. 东千佛洞

东千佛洞，位于酒泉市瓜州县桥子乡东南 30 公里长山子北麓干河谷。当地居民习惯以县城的相对方位为依据，称城西的榆林窟为西千佛洞，称城东这片佛窟为东千佛洞。因其第 7 窟绘有两方接引佛壁画，故又被称为“接引寺”。干涸的河道把这些分布在相距约 100 米、长约 200 米崖壁之上的佛窟分割成了东西两部分，西崖有 14 窟，东崖有 9 窟。

东千佛洞大约始建于西夏时期，元代续建，终于清代。虽然位于荒僻的偏野，却是僧侣潜心修行、远离尘俗的理想之所。这种入山修行的方式在西夏颇为盛行，西藏密宗传入后，又被赋予了以逆境磨炼心智的含义，愈加蔚然成风。东千佛洞现存的 23 个洞窟中，有编号的仅 9 个，第 1、2、3、4、5 窟居西崖，第 6、7、8、9 窟居东崖。窟内彩塑、壁画多以水月观音、密宗曼荼罗、净土变、药师变、涅槃变等题材为主，具有鲜明的西夏时代风格及密宗特色，其艺术价值之高、密宗内容之繁多可以称得上是敦煌石窟之最，填补了莫高窟在藏传密宗艺术上的不足，与榆林窟并称敦煌晚期艺术的“双璧”。

在东千佛洞中，最具代表性的是第 2 窟的内容。此窟建于西夏，东西长 10 米，南北宽 6 米，高 5.5 米，是东千佛洞中规模最大的一窟。主室前部为覆斗顶，后部为平顶，有中心柱。这一窟的壁画内容、风格，是整个东千佛洞艺术的代表，一窟之内多元并存：中心柱东面绘有坐佛，上方则绘有布袋和尚，南北绘有观音；主室西壁绘说法图、两侧各绘药师佛，南壁绘水月观音、药师经变、十一面观音，北壁绘水月观音、西方净土变、八臂观音，东壁门上绘坐佛，门南绘文殊五尊曼荼罗，门北绘尊胜佛母曼荼罗。如此多的内容风格于一窟之中汇聚，汉、藏、印式人物各具特色，可以使我们看到 11 世纪以后，通过西藏进行的中印佛教文化的交流。著名敦煌学家段文杰先生曾说：“安西榆林窟和东千佛洞六幅玄奘取经图的发现，是稀世之珍，在研究佛教思想的演变，研究中印文化交流的历史，研究《西游记》成书之前主要人物艺术形象的创造和完善过程，是难得的形象资料。”

链 接

“水月观音”，即观水中月之观音，是中国佛教三十三观音之一。出现于中唐，晚唐以来开始流行，迅速成为佛教艺术中的重要样式。及至西夏时期，水月观音像已成为河西地区极为流行的一种壁画题材。东千佛洞第2窟中的水月观音，悠然坐于金刚宝座之上，身边彩云环绕、碧波荡漾，天际则悬有一轮明月。岸边，玄奘双手合十，虔诚地向观音膜拜，猴行者则一手搭凉棚观望，一手牵白马，紧随其后。这幅壁画比吴承恩《西游记》的成书足足早了300多年，可以说是《西游记》故事最早的形象资料。

四、光环石窟之外

（一）万佛的峡谷：榆林窟

榆林窟，又名万佛峡，位于酒泉市瓜州县城南70公里处，开凿于峡谷两岸直立的东西峭壁上。由于这里河道的两岸遍植榆树，葱郁成林，因而河被称为榆林河，窟也被称为榆林窟。

根据榆林窟的形制及留存下来的有关题记，可以推断出该窟群大概于隋唐之前就已创建，五代、宋、回鹘、西夏、元等各朝各代均有开凿和塑绘，并有过重塑与修缮。榆林窟现存有42个大小洞窟，其中唐窟就有19个，几乎占了半数。从形制上来说，榆林窟主要可以分为三种，分别是中心塔柱窟、中心佛坛窟和大像窟。从洞窟形式、表现内容和艺术风格来看，榆林窟与莫高窟有着密不可分的联系，因此这里又被称作是莫高窟的姊妹窟，是敦煌石窟艺术体系的重要组成部分。

榆林窟的彩塑中，最具代表性的就是第6窟中的弥勒大佛了。第6窟始

榆林窟第 25 窟弥勒经变 老人入墓（中唐）

建于唐代，五代至民国期间有多次重修，进深 7.3 米，宽 18.5 米，高 25.5 米，是榆林窟中的第一大窟；其间位于东壁的主尊弥勒佛像，也是榆林窟中的第一大佛。此像高 24.7 米，在整个敦煌石窟的佛像中位列第三，仅次于莫高窟的北大像、南大像。佛像靠壁成倚坐态，左手抚膝，右手作说法印，全身以金箔敷就，灿然如新、金碧辉煌，显得极其庄严雄伟。

榆林窟的壁画，多为唐代至元代800年间的作品，内容十分丰富，有场面宏大的巨幅经变画，也有形象生动的单幅佛像画，装饰着种类繁多的奇花异草、飞禽走兽，还有一定数量的当时社会生活、生产、科技等现实画面。从唐到元，历代都有佳作，其中第25窟的唐代壁画，更是世所罕见的珍品。此窟建于中唐，这时敦煌地区正由吐蕃所占领，因此与莫高窟中的众多唐窟相比，这一窟呈现出了更多吐蕃风貌，窟中正壁即东壁，绘有卢舍那佛并八大菩萨曼荼罗，这是吐蕃时期密宗流行的主要题材。壁画中构图舒朗，造型严谨，色调和谐，人物宽肩窄腰、衣饰繁复，具有典型的印度风格。窟中南壁、北壁还绘有大量的经变故事，细腻地描绘了佛教传说中的西方极乐世界，并讲述了阿阇世王弑父杀母、弥勒初会说法等佛教故事，生动流畅，引人入胜，堪称榆林窟壁画中的经典之作。

链　接

榆林窟中，保存至今的彩塑共有250余身，壁画5000余平方米，约占莫高窟壁画总面积的九分之一。如果说敦煌莫高窟居于全国石窟之冠，那么，榆林窟就是仅次于莫高窟的一座艺术宝库。尤其是在西夏至元代这一莫高窟相对较为没落的时期，榆林窟作为一匹黑马，冲入了人们的视野，成为敦煌石窟艺术在晚期的一件杰作。

（二）五代的余音：肃北石窟

敦煌地区及其周边，除去以上所提到的一些比较有名的石窟外，还有下洞子石窟、肃北石窟、昌马石窟等存窟较少的小型窟群，它们也是敦煌石窟不可

肃北五个庙石窟

或缺的组成部分，是古代敦煌艺术的实物见证。在这里，我们主要以肃北石窟为例进行介绍。

肃北石窟，以五个庙石窟与一个庙石窟为代表。它们位于甘肃省肃北蒙古族自治县城北 20 公里处，与莫高窟相距约 80 公里。这两个有趣的名字来自人们对小型石窟的直观描述，蒙古族称石窟为“庙”，因此五个庙、一个庙也就是五个窟、一个窟的意思。

五个庙石窟开凿在党河西岸高约 30 米的砂崖之上，洞窟修建于崖壁中央，距离地面约有 15 米。在这段由南向北、长约 300 米的悬崖峭壁间，现存的洞窟共有 19 个，其中仅有 5 窟可以供人们登临观赏，因此被人们称为“五个庙”。各窟之中的塑像均已毁坏，仅余的壁画也多留有被烟熏的痕迹，已经涣漫不清，仅能从保存较为完好的第 1 窟、第 4 窟中看到一些描绘弥勒经变、水月观音、曼荼罗的内容，形象生动，具有较高的艺术水平。

从五个庙石窟再向党河上游前进约 5 公里，在河东岸的断崖上可以见到东西排列的两个洞窟，这就是一个庙石窟了。窟中原有的塑像、壁画也已被毁，表层覆有近代重绘的壁画和题记，但较为粗劣。有研究者根据洞窟所存现状推测，它的始建年代大概为南北朝时期，最晚也不过隋末唐初。另外，一个庙石窟现存的东西二窟各自有其不同的用途，东窟应为佛教僧徒们的居室，西窟则是他们讲经说法、进行宗教活动的礼拜场所。在一个庙石窟西北的不远处，有高出党河河床约三到五米的二层台地，人们于此清理出了众多的小泥塔，因此推测，该处台地在当年极有可能建有寺庙、舍利塔等建筑，与庙石窟共同组成建筑群。可惜如今这些遗迹都已不存在，真相被掩埋在了历史长河中，我们只能望着岁月的背影进行追思与猜测了。

链 接

尽管五个庙石窟和一个庙石窟现存的窟数较少，所存塑像和壁画数量也十分有限，但根据它们所呈现出的时代特点和艺术风格，完全可以证明其与莫高窟等大型石窟群同属于敦煌石窟这一艺术体系当中，它丰富了敦煌文化的艺术内涵，也是研究河西地区历史文化的宝贵资料，因此同样值得引起我们的关注与重视。

第四章　满壁生辉
——敦煌壁画

单元案头

敦煌壁画，包含莫高窟、榆林窟、东西千佛洞等众多石窟群中的壁画作品，这些历朝历代流传下来的壁画总面积超过5万平方米，是名副其实的“墙上博物馆”。丹青不知岁月老，描垣绣壁待君识。敦煌壁画就像妙笔挥就的一幅历史长卷，上载诸天神佛，仰可观泱泱天界；下绘人间山河，俯可察滚滚红尘。走进敦煌石窟，走进壁画的世界，让我们去赴一场视觉的盛宴，聆听画中人讲述那些古老的故事……

壁画艺术，可以说是敦煌石窟中最绚烂、最迷人的部分。由于敦煌地区的山石主要由砂土凝结而成，不易雕刻，塑像往往无法刻绘精细；但这也为壁画的繁荣提供了广阔的舞台。能工巧匠们把历史的风采绘作图案，以壁为帛，挥翰成风，涉笔成趣，将千年前古人瑰丽的幻想世界定格在了石壁之上。敦煌壁画的规模之大、数量之多、手法之精妙、内容之丰富，无不令我们为之惊叹折服。正如国画大师张大千所说：“敦煌壁画代表了北魏至元一千年来我们中国美术的发展史。”敦煌壁画中，同时蕴含着崇高与优雅、对称与和谐、阴柔与阳刚、悲壮与英勇、庄严与浪漫，它不仅是我们研究古代中国绘画多种技巧和风格的珍贵材料，还是一座生动的历史剧场，可以让我们品味人物故事中蕴含的世间百态。

一、绘像描彩之法

（一）疏密有致的线条

在第一眼看到敦煌壁画的时候，我们会被什么所吸引？是异域风情的人物形象？是大面积运用的浓烈色彩？还是神秘古老的纹样图腾？当我们把这些引人注目的要素都拆分开，化繁为简，就会发现壁画中最基础也最容易被忽略的一个部分——线条。

线条，是绘画当中的一种重要艺术语言。人们在观察到不同的线条时，会产生不同的感受，比如直线会令人感到安稳、庄重，折线会令人感到紧张、强硬，曲线则令人感到活泼、流畅；细线条令人感到纤弱、柔婉，粗线条令人感到豪放、洒脱……这种独特的“线条语言”，无声地表达着各种各样的感情内涵，因此，绘者作画时不仅要用线条去描摹对象的形体，还要赋予其生命、体现其精神。

中西方的绘画，虽然都采用以“线”造“型”的手法，但相比之下，中国传统绘画更为强调线条的作用。可以说，线条的艺术占了中国传统绘画中的“半

莫高窟第 275 窟北壁 飞天（北凉）

莫高窟第 275 窟南壁 飞天（北凉）

壁江山”。疏密相间、错落有致的线条，不仅仅要满足塑造形体的要求，用来表现物象的结构轮廓；还蕴涵着更为抽象的情态和意趣，传递着绘者的主观情感和内在精神。线条，成为绘者表达意志、思想、感情的手段。国画大师潘天寿曾说：“吾国绘画，以笔线为间架，故以线为骨。”在中国，无论是写意画还是工笔画，都追求通过灵活运用线条来融情入画，达到物我相融的境界。敦煌壁画作为我国传统绘画艺术的一部分，也没有脱离这个传统。

在敦煌石窟当中，历朝历代所绘制的壁画都大量地使用了线条的艺术。正是富于变化又独具表现力的线条，使敦煌壁画做到了“千人千面”“万佛万姿”，以不同的长短、粗细、曲直，绘出了一尊尊庄严肃穆的佛陀、安详慈悲的菩萨、勇敢刚猛的力士、柔美婀娜的飞天……所有的人物、故事和环境都以“书法性”

的线条完成，以提按顿挫，配合轻重缓急，使每幅画面上的线条都疏密得当，虚实相生，富有韵味。同时，线条又像是敦煌壁画的“筋络”，把每个局部的画面都串联了起来，使整幅画面形成了具有空间美的一个整体，人物更加饱满，故事更加流畅，环境更加自然。

中国传统绘画当中，人们总结出了一些描绘人物衣服褶皱形态的技法，后来又应用到了描绘动物、花鸟、山水、树石、风云、建筑等事物的领域，合称为“十八描”，包括高古游丝描、琴弦描、铁线描、混描、曹衣描、钉头鼠尾描、橛头钉描、马蝗描、柳叶描、橄榄描、枣核描、折芦描、竹叶描、战笔水纹描、减笔描、枯柴描、蚯蚓描、行云流水描等。这些技法在敦煌壁画的绘制中也得到了广泛的运用。

比如，从莫高窟第 254、263、272、275 等北凉、北魏洞窟的壁画中我们可以看出，北朝时期的敦煌壁画多使用“曹衣描”的技法。曹衣描，即“曹衣出水描”的简称。曹衣出水，是对西域画家曹仲达画风的一种描述，指他下笔细而垂，线条成圆弧状，疏密有致，绘出的佛像衣纹下垂、褶皱繁密，紧贴身体，就像刚从水里走出一样。这种线描技法在魏晋南北时期曾风靡一时，直接对敦煌地区的佛教绘画艺术产生了影响。我们以第 272 窟北凉壁画所绘的供养菩萨为例，画中的菩萨们等距排列，手持香花、明灯、饮食，姿态各异；身上的衣饰全部以弧线构成，层层排列，疏密相间，紧贴人物轮廓，使菩萨们的形体看起来圆润饱满、流畅自然，没有丝毫的呆板之感。

“高古游丝描”也是敦煌壁画中经常采用的一种线描手法。这种描法由东晋的顾恺之首创，所绘的线条细而均匀，大多为圆转的曲线，顿笔是一个小圆头。在北朝时期的敦煌壁画中，高古游丝描多用于表现人物的衣纹或环境中的山水、树木等等。比如莫高窟第 249 窟，这个西魏洞窟的窟顶画有群猪图，山谷中的树木连绵不绝，就是用高古游丝描技法进行描绘的。又如第 285 窟，绘

莫高窟第 272 窟西壁龛内北侧 胁侍菩萨（北凉）

于东、北两侧壁上的秀骨清像人物造型，也使用了高古游丝描技法，使人物宽衣博带，飘飘欲仙，颇有顾恺之《洛神赋图》的遗风。

“行云流水描”亦常见于敦煌壁画。这种线条匀称流畅、细密连绵，活泼飞动、舒卷自然，可以用于表现软而弯转的衣纹，也可以用来描绘环境中的云纹和水纹。行云流水描在隋唐时期的壁画中，多用于描绘刻画行云流水的动势，来渲染烘托佛教经变画和故事画的主题。比如在莫高窟第 172 窟，观无量寿经变中的水云纹线描，就是比较典型的范例。

除去以上提到的三种技法外，在稍晚一些的时期，“琴弦描”“折芦描”等技法也开始在敦煌壁画中出现。琴弦描，顾名思义，就是细匀、挺拔的线条，粗劲而有韧性，宛若中国古代弹拨乐器的丝弦，主要用于人物轮廓、衣纹与动物等线条的勾勒上。莫高窟第 285 窟壁画中的伎乐天形象，是琴弦描的典型作品。折芦描，因形似折断的芦苇叶而得名，转折处均刻意强调顿挫，多用在描绘天

莫高窟第 285 窟西壁正龛北侧 诸天神王（西魏）

王、力士、老僧的上眼睑及菩萨的口角线上，如莫高窟第 217 窟的初唐比丘头像。

我们可以看出，采用什么样的线描技法，是绘者根据所要描绘的事物特征而刻意去选择的，也在一定程度上受到绘画年代流行风尚的影响。因此，我们在欣赏敦煌石窟中绚丽多彩的壁画时，可以根据这些形形色色的线条，去推断绘者想要表达的意图和情感，同时把握当时社会的主流审美趣味，不仅要做看画之人，还要做“懂”画之人。

（二）浓淡相宜的色彩

历经千年发展的敦煌壁画艺术，除了借鉴传统白描画中的线描技巧外，还发展出了一个独特的倾向——重彩。色彩是一种含有视觉冲击力和感受力的表现形式，具有极强的视觉美感效应。敦煌壁画的赋彩设色，除了装饰画面、构成意象外，还具有宗教化与抒情化的特征，具有极高的艺术审美价值。

与中原地区崇尚淡雅的水墨画不同，敦煌壁画无论在色彩选取还是在搭配调和上，都显得更加热烈奔放。宋元以后，人们普遍认为画以水墨为上，有“墨分五色”的说法，以墨色的浓淡来表示颜色，花青、赭石就已经是色彩表达的极限了。敦煌壁画则不然，红、黄、青、绿、金、赭、褐、黑、白，所运用的色彩大多饱和度极高，色块面积大，对比十分强烈。

我国著名的美学家宗白华曾经这样评价敦煌的壁画艺术：“因了西域传来的宗教信仰的刺激及新技术的启发，中国艺人摆脱了传统礼教之理智束缚，驰骋他们的幻想，发挥他们的热力。线条、色彩、形象，无一不飞动奔放，虎虎有生气。”敦煌壁画“重彩”的特点与其受到西域文化及宗教文化的影响是分不开的。色彩作为壁画的一种形象语言，最初的目的是要在洞窟中把庄严华丽的佛国天界景象描绘出来，供僧侣教徒们观佛礼拜。在这一主题的推动下，大量的壁画开始超越现实的束缚，以更加瑰丽的想象，把极其绚丽的色彩运用到艺术创作中。例如，在描绘佛陀和菩萨的衣着装饰时，敦煌壁画就会选用表示高贵、庄严意味的红色和金色；在表现佛教故事中的降妖除魔题材时，则多选用带有阴暗、沉重意味的褐色和黑色。这样强烈的反差，在宗教审美上代表着光明与黑暗、正义与邪恶的对立，色调的冷暖也会给人以或正面，或负面的心理暗示，展现出神秘、充盈而富有吸引力的视觉效果。这种同时兼具佛性和人性的色彩语言，增强了画中宗教故事的表现力，使其更加感染人心。

从纵向的时代坐标来看，敦煌壁画中色彩的选取也经历了历史的发展，依朝代不同呈现出不同的审美取向。比如北魏时期多用土红色，浑厚热烈；西魏时期配有土黄、橙色，明亮活泼；隋代饰以金箔，精美富丽；唐代金碧辉煌，更显厚重；宋代以后，则石青、石绿等冷色调开始成为主流。然而无论所处哪一个时代，敦煌壁画中的色彩相较中原绘画都要更加浓烈。南朝画家谢赫在他总结的绘画六法中提到了“随类赋彩”，即作画所用的色彩应当与所画的物象相似。这种色彩观念传入敦煌后，对敦煌壁画的用色方面产生了一定的影响，使绘者大胆地采用丰富绚丽的颜色来渲染幻想中的天国世界，造就了敦煌壁画佛教艺术的典范。

敦煌壁画中，通常采用多种颜色的配置。总体上说，敦煌壁画采用了四种底色：土红色的红底、白色的粉底、浅赭石的泥底、天蓝色的蓝底，在不同的底色上有着不同的配色原则。以敦煌壁画中最常见的粉底和泥底为例，对应的搭配常是红、绿、蓝三色。绿与红是互补色，蓝又与红是对比色，三者同时出现，就会产生艳丽多彩的强烈效果。如榆林窟西夏第 4 窟的天王图，粉底上天王身穿红色的铠甲，配以蓝色和绿色的彩带，色彩鲜艳沉着，表现出天王的勇猛威武、强壮有力。另外，敦煌壁画中还常采用深沉的土红配以明亮的蓝绿色，呈现出强烈的光效应，达到华贵绚丽的色彩效果。如莫高窟中唐第 231 窟东壁门上的侍女图，泥底上所绘的侍女肤色较深，身着印有浅蓝色花朵的土红长袍，配以鲜艳明亮的绿色腰带和头绳，简单的服饰难掩唐朝富贵华丽的时代特色。

敦煌石窟堪称我国中古时期的颜料标本宝库，其中保存着千余年间各个朝代的大量颜料标本。研究发现，历史上敦煌壁画所运用到的颜料超过 30 种，比同时期各地的墓室壁画、画像砖所用颜料都要多。那么在这样一个物产并不丰饶的边陲之地，如此瑰丽多彩的颜料是从何而来的呢？敦煌壁画所用的颜料主要有两种类型，一种是矿物颜料，一个是植物颜料。如矿物颜料中，红色的有朱砂、铅丹、绛矾，黄色的有雄黄、雌黄，绿色的有石绿、铜绿，蓝色的有青金石、群青、蓝铜矿，白色的有铅粉、白垩、石膏、云母，黑色的主要是墨，金色则运用了昂贵的金箔、金粉。植物颜料中，红色的有胭脂红花提取物，黄色的有藤黄，蓝色的有靛蓝……这些丰富多样的颜料，或是绘者因地制宜，选用当地矿物植物制作而成的；或是由途经此地的行商由西域带来的；青金石、金箔等较为贵重的原材料，则有可能是由信众、施主捐赠而来的。

但为什么我们如今观赏敦煌壁画时，已经无法再看到 30 多种颜色了呢？这就要提到敦煌壁画中一个令人唏嘘的现象——变色褪色了。当人们徜徉在敦煌石窟这座伟大的艺术殿堂中时，往往为它那精美绝伦的壁画所倾倒，然而实际上，现存壁画的色彩与初绘时已经有所不同。敦煌壁画中变色的部分，主要是人物肤色和与其颜料成分近似的部分色彩，已经由初绘时的肉色，变成了褐色、铅灰色和黑色。过去，许多专家认为敦煌壁画变色是因为古人在作画时颜料中使用了铅粉的缘故，铅粉氧化，从而导致壁画变色，但新的科学分析表明，敦煌壁画变色与三个方面的因素有着重要关系：一是使用朱丹和含有朱丹的调和色，经千百年氧化反应，彻底改变了初绘时的色彩；二是植物颜料经千年氧化而直接褪色，或被下层变化的色彩上翻而掩盖；三是敦煌土质是经海水浸泡过的海底床，含有大量的碱性元素，成为颜料化学反应的催化剂。如此多的因素相加，共同导致了敦煌壁画中肤色与近肤色的褪色现象。

赤橙黄绿青蓝紫，浓淡深浅总相宜。尽管变色褪色现象使敦煌壁画相比原貌来说稍有改变，却仍不掩其风采。20 世纪 80 年代以来，人们为了“抢救”敦煌壁画，采取了临摹、拍照等方式，但难免仍存在变形、失真等问题。如今为了更好地保护和展示敦煌艺术，当地政府和有关部门开启了“数字敦煌”项目，力图通过数字技术使千年的敦煌艺术成为“不朽”的杰作。时代在进步，科技也在进步，或许在不久的将来，古老的敦煌壁画还能通过立体成像技术“动”起来，更加鲜活地展现在我们眼前。

二、神俗共生之境

（一）神界与诸天神佛

敦煌壁画的种类繁多，内容丰富，几乎囊括了当时人们想象当中的整个世界：上至天，也就是佛陀、菩萨所在的神界；下至地，即僧侣、凡俗所在的人界。作为宗教文化的一大载体，描绘佛界净土、诸天神佛，宣讲佛经故事的壁画在敦煌石窟中占据着主导地位。其中，主要包括偶像画、神怪画、佛教经变画、佛教故事画和山水画。

偶像画，又称尊像画，画中主要描绘的是佛教中人们崇奉、礼拜、祈愿的对象，包括释迦牟尼、阿弥陀佛、弥勒佛、多宝佛等诸佛形象，文殊、普贤、观音、地藏、大势至等菩萨形象，还如阿南迦叶等佛教弟子、十八罗汉的形象。在偶像画中，佛陀的形象常常面容饱满，眼帘低垂，眉宇间透露出庄严静穆的神色，以此表现佛的觉行圆满无缺。菩萨像则面貌端庄，头戴花冠，胸前饰璎珞，臂间着环钏，手上有持物，呈现雍容典雅的华美。弟子像和罗汉像，则更为生动，情态或狡黠、或威严，各自成态。佛、菩萨、弟子、罗汉，是佛教向人们所宣传的不同层次的理想人格，要求信众以这些理想人格为偶像，学习他们的愿、行、智、悲，渡己渡人，得悟佛法。另外，敦煌壁画中还有一种特殊的偶像画，即“千佛画”，在洞窟的四壁绘满形态较小、姿态基本一致的“千佛”，来表现只要真心求法，则人人可成佛，是佛教世俗化的一种体现。

神怪画，其中最具代表性的就是描绘佛教护法神的“天龙八部”题材，包括天王、龙王、夜叉、阿修罗、乾闼婆、紧那罗、迦楼罗、摩侯罗伽这八大部众。他们掌管着佛界的各类事物，比如天王负责维持秩序，龙王负责管理雨水，阿修罗负责攻击作战，迦楼罗负责防除灾毒等。天龙八部一般绘于佛龛的南北两壁，位置比较显著，一方面突出了其作为护法神的崇高地位，一方面也以陪衬的地位衬托出了主佛的法力无边、庄重威严。

佛教经变画，就是根据佛经内容来进行描绘的作品。这种经变画将晦涩艰深的文字转化为了通俗易懂的图画，深入浅出，受众面广，有利于向更多的信众宣扬佛理。敦煌壁画中现存的经变画超过千幅，种类多样，仅莫高窟中就有32种经变画，包括法华经变、弥勒经变、涅槃经变、金刚经变、药师经变等。这些经变画将某一部甚至某几部有关佛经的主要内容，组织成了首尾完整、主次分明的巨幅绘画，技巧高超，画面生动，堪称佛教绘画艺术中的珍品。

佛教故事画，是指将佛教经典的历史故事以简洁形象的图画内容表现出来，感召信众，令他们在看画的过程中受到潜移默化的教育，更加笃信佛法。故事画内容丰富，情节动人，主要分为“佛传、本生、因缘、历史、比喻”五类:一，讲述释迦牟尼生平事迹的佛传故事画。这类故事画中，许多情节是由古印度的神话传说改编而成的，比较常出现的场景有“乘象入胎”“夜半逾城”。例如莫高窟第290窟，就以横卷式的结构，用87个画面按顺序描绘了释迦牟尼从出生到出家之间的全部情节。可以说是一部罕见的长篇巨制连环画。二，宣传释迦牟尼生前善行的本生故事画。这类故事画以宣扬“因果报应”和“苦修行善”为主题，也是敦煌早期壁画中广泛流行的题材，如“萨埵那舍身饲虎”“尸毗王割肉救鸽”“九色鹿舍己救人”“须阇提割肉奉亲”等，都多次出现在不同的洞窟壁画之中。三、讲述佛门弟子、善男信女前世今生的因缘故事画。这类故事画的主要题材有“沙弥守戒自杀”“五百强盗成佛”“善友太子入海取宝”，情节跌宕曲折，内容新颖离奇，十分富有戏剧性。四、根据史籍记载描绘的历史故事画。包括佛教圣迹、高僧事迹、瑞像图、戒律画等，大多绘在洞窟的次要位置，但也有一些绘于正面墙壁，如莫高窟第323窟的“张骞出使西域图”。五、释迦牟尼讲解佛教教义所列举的比喻故事画。这些故事大都是古印度和东南亚地区的寓言、童话，被佛教徒收集记录在佛经里，保存至今。敦煌壁画中的比喻故事具有代表性的有出自《贤愚经》的“象护与金象”故事，以及出自《报恩经》的“金毛狮子”故事，分别绘于莫高窟第98窟北壁和第85窟南壁。

山水画，几乎遍布于敦煌石窟的壁画当中，形式多种多样，大多与经变画、故事画融为一体，起陪衬作用。这些山水大多以佛典中的描述为参照，再结合现实景物，描绘传说中青山绿水、鸟语花香的“极乐世界”。比如莫高窟第249窟窟顶、第285窟南壁，就都以曲线勾勒配合重色晕染，绘制出了与佛教故事

莫高窟第249窟窟顶西披 阿修罗（西魏）

相关的山水图像。这些起衬托作用的山水楼台、树木鸟兽在画面中占有很大比例，无形之中冲淡了题材的宗教气氛，而使其向人间环境转变，使传说中的佛地更加亲切可感，贴近人们的生活。

无论是宝相庄严的神佛之像，还是极乐无忧的佛土之境，都是古人根据现实世界中存在的人物、景象，发挥高超的想象力而创造出来的。这些带有神秘幻想色彩的壁画，表达着古人对于极致崇高人格、极致美好生活的追求。

链 接

敦煌壁画中，与“神佛”相关的内容可以分为四个方面：描绘神的形象、记叙神的活动、讲述神与神的关系、讲述神与人的关系。偶像画、神怪画，就是在描绘神的形象；佛教故事画，记叙了神的行为活动；佛教经变画，讲述了神与神、神与人之间的关系。这些图画以直白生动的视觉语言来向人们传播佛教思想、佛教文化，营造了一种宗教主题十分突出的气氛，以此来吸引更多的信众在宗教中寄托对美好生活的追求，安抚人们的心灵。

（二）人界与衣食住行

在宗教色彩强烈的“神界”之外，敦煌壁画还生动地描绘了一个具有“烟火气”的凡人世界。在这里，人们会为了积功德而献出钱财供奉佛祖，但依旧没有完全脱离身外之物，仍在纷纷扰扰的红尘中生活。这些描写“人界”的壁画中，“人”与“物”是十分突出的两大主题。

敦煌壁画中的“人”——凡人，主要出现在供养人画当中。供养人，就是信仰佛教，从而出资修建石窟的人。他们为了表示自己信佛之心的虔诚，留名于子孙后世，就会在修建石窟的过程中把自己的画像绘于壁画之中，甚至一些

莫高窟第 61 窟东壁门南 女供养人（五代）

供养人画中还带有其家人、侍从、奴仆的形象。

尽管有时应供养人的要求，其画像会出现一些不同于他人的细节之处，如在衣着服饰、身形姿态上制造微小的差别，避免“撞脸”，以此来展现供养人的身份地位之特殊。但在整体看来，供养人的队列仍然整齐划一，排列有序。如在莫高窟第 275 窟北壁下部，现存有 35 身供养人的画像，除去前 9 身供养伎乐、供养比丘的服饰较为特殊外，其后的 26 身供养人的服饰、身姿都大致相同，衣着色彩以每 4 身为一组排列，即第一人绿衣褐裤，第二人褐衣绿裤，第三第四人均为褐衣褐裤，第五至第八人、第九至第十二人等等也以此循环。这样井然有序的变化方式，令看似千篇一律的供养人队列变得规律整齐，富有节奏感。

供养人画像一般位于石窟四壁的下方，或是中心柱的塔座位置。之所以处于这些相对较为低下的位置，是当时社会主流思想中“人神关系”的一种具象化的体现。敦煌壁画以佛像为主位，认为神佛是神圣而不可侵犯的；供养人在神佛面前，当然要显得谦卑低下，这就决定了绘画供养人的位置必然不会逾越于佛像之上，而要处于次要位置。这些供养人以站立的姿势整齐排列，双手或于胸前合十，或捧有器物，作出既虔诚又恭敬的姿态。他们身体向着中心主佛的位置微侧，似乎正在有序行进，前去礼佛。有研究者指出，之所以供养人画像大多身体微侧，呈现出大概四分之三的侧面形态，是由于这个形态最容易反映人物轮廓及面部特征，方便绘者去刻画人物的细节。这种以微侧角度描绘人物的手法，在敦煌壁画中由来已久，从北凉时期就已有出现，一直沿用到了明清之际。

“物”是敦煌壁画中人间世界的另一大主题，表现在衣、食、住、行等各个方面。

在敦煌石窟的偶像画当中，随处可见神佛身着描绘精细、华丽繁复的僧袍法衣，带有明显的异域风情。其实，只要仔细观察就不难发现，众多出现在供养人画、佛教故事画中的俗人形象，其衣着服饰也有着的独特的艺术风格。俗人形象的衣冠，在不同的时代体现着不同的社会风貌和审美取向，款式丰富多样，不仅有普通的汉族日常服饰，还有精美的贵族礼服，甚至在莫高窟第 220 窟南壁上的《阿弥陀经变》中，出现了身穿背带裤的童子形象。这些形形色色的服饰，或以交领高冠表现汉家风尚，或以窄袖胡服表现异域风情，从形制、面料，再到色彩、花纹，无不带有明显的时代特征。

俗话说“民以食为天”，即便是庄严肃穆、宗教色彩浓厚的敦煌壁画也未能免俗。敦煌地区特色的胡饼、馓子等面食就大量出现在壁画当中，如莫高窟第 217 窟南壁《法华经变》“斋僧拜塔图”内，画面中聚会宴饮的众人席间就摆放有大饼、蒸饼、馓子，一位妇人还端出了一盘类似馒头的蒸制品。蔬果也是敦煌壁画中的常见题材，如榆林窟第 3 窟“踏碓图”内，石碓旁的大盆中就装有数个南瓜。牛羊肉和乳品作为当时颇受敦煌人钟情的食品，更是频繁出现于壁画当中，如莫高窟第 296 窟窟顶“善事太子入海品”中的宰牛场景、第

莫高窟第 296 窟窟顶南披 善事太子入海品·杀牛（北周）

85 窟窟顶《楞伽经变》中的宰羊场景、第 159 窟《维摩诘经变》中的挤奶场景，都可以看出当时敦煌人对肉食与乳制品的喜爱。

敦煌壁画中表现出来的建筑艺术，可以说是一部记录当地住宅形制发展的图画史。从北凉时期出现莫高窟第 268 窟、272 窟中具有明显西域特色的希腊式龛柱、圆券拱天宫，到盛唐时期出现在莫高窟第 217 窟具有两种不同风格的汉式住宅、西域式住宅，无不体现着敦煌艺术在接受西域文化影响的同时，也广受中原文化的影响。

最后，敦煌壁画中还有大量描绘车辆、舟船等当时交通工具的图像。在敦煌石窟 1600 多年的历史中，有大大小小 50 多个洞窟的壁画中出现了超过 160 幅与车辆有关的图像，其种类包括马车、牛车、羊车、鹿车、骆驼车、人力车、多轮车、独轮车等。牛车在敦煌壁画中出现次数最多，有 50 多乘，形象也最为丰富，有供人乘坐的客车、运送货物的货车、运送灵柩的丧车等等。敦煌壁画中与舟船有关的图像相比车辆而言要少一些，但也有 130 多幅。其中的舟船形制最早为小舟、木筏，随着时间的推移慢慢出现了帆船、木板船、各类楼船等等，可以看出造船工艺的不断提升。

穿衣、吃饭、住房、行路，是凡人在人界生活的几项基本需要，可以说是“人性”的一种体现。有趣的是，这些题材不仅出现在表现人界的壁画当中，也常常出现在表现天界极乐生活的绘画里。这是因为人们将自己对美好生活的企盼映照进了佛国世界，实际上表现的仍然是现实中的人欲。

三、壁画审美之趣

（一）对称中求不全对称

对称美，是人类所认识到的一种最基本的美，是我们先民原初觉醒的一种审美取向。对称源于大自然，客观地存在于万千事物之中，花瓣、树叶、鸟兽、虫鱼，对称结构几乎在我们目所能及的每一处。多少年来，人类在选择、创造艺术的过程中，从未停止过对于对称美的追求。对称性，也成为一种固定形式，被普遍运用在绘画领域。

对称可以分为“相同”与“相似”两种。相同对称，即是完全的复刻、翻转；相似对称，条件更为灵活，只要求双方在某方面形成对等关系，不如说是一种“平衡”，更容易实现，因此也更加常见。相似对称与相同对称比较而言，少了一些沉重呆板，多了一些同中求变的活泼生气。敦煌壁画中，就常常出现这种相似对称的手法。在对称的大框架中，求不完全对称，这是一种古人刻意追求的审美情趣。

敦煌壁画因其特殊的存在空间和绘画载体，天生对于对称性有着较高的要求。工匠在为石窟四壁绘制壁画时，往往有意让南北两侧、东西两侧的壁画在面积、形状甚至内容、结构上形成对称关系，来使整个石窟中的壁画相互对应，和谐统一。例如建于西魏时期的莫高窟第 284 窟，是一个典型的对称式洞窟，其南、北两侧的墙面之上，壁画的位置、面积、内容均一一对应，形成镜像的对称格局。另外，同一幅壁画作品中也往往会出现左右对称或中心对称的形式。

如莫高窟第 154 窟北壁东侧的《报恩经变》中，画面以端坐于莲花座上的说法佛陀为中心轴，两侧各自围绕着九身听法菩萨、一身供养菩萨弟子、一身胁侍菩萨、五身夜叉和力士。整幅画面呈左右对称，听法菩萨和众弟子人物在数量和位置上都是对等的，画面中所有的空间都被充分地利用，呈现佛祖讲法的一派盛况。又如第 248 窟的窟顶壁画，此窟为覆斗顶，窟顶的四块斜向坡面所绘内容大致相同，呈现中心对称的模式。这种对称模式被广泛运用于敦煌石窟中覆斗顶窟的顶画制作当中。

在追求对称的同时，敦煌石窟的工匠们又在竭力避免两张壁画出现如出一辙的对称。为此，他们往往需要绞尽脑汁地求异、求变，于细节之处多作文章。

在以人像为主的壁画中，工匠们主要通过改变画中人物的神情、姿势、衣着等方式来求“不对称”。比如莫高窟第 249 窟中的南北两壁的经变说法图，两幅壁画的位置、面积、题材、内容、菩萨造型、色彩搭配、构图形式均十分对称，一眼看去几乎完全相同。画中主佛立身于莲座，身后有万丈佛光，上方

莫高窟第 249 窟南披　西王母（西魏）

莫高窟第 249 窟窟顶西披　雷公（西魏）

的两侧有两位身姿曼妙的飞天，下方的两侧则有四位面容安详的菩萨。但是仔细观察我们就会发现，两幅壁画中主佛、菩萨、飞天的衣着款色、手势身姿都存在着微小的差异，画面角落的装饰纹样也略有不同。这种工匠们有意为之的精妙手法，正是对所谓“在对称中求不对称”境界的追求，既保持了画中神佛庄重、肃穆的形象，又加强了画面的生动性，使画中的内容丰富而富有变化，充满活力。

在以场景为主的壁画中，工匠们更多地将“求异”的巧思放在了建筑、器皿、植物之上。比如莫高窟第 196 窟西壁上所描绘的《劳度叉斗圣变》中，南北两侧画面的场景对称，却一静一动，极为精彩。南侧壁画中，华盖静垂，各类人物形象安稳地捧持器物，一派祥和；北侧壁画中，华盖已经被风刮得倾斜翻飞，器物散落，众人一片慌乱。将整个画面对比起来欣赏可以感受到，庄严和生动的美感融为一体，这种“相似”却不“相同”的手法的运用，给人留下了绝佳的艺术体验。

除了以上提到的一些例子之外，敦煌壁画中还存在着各种形式的“于对称中求不完全对称”现象，这种“相似对称”的绘制手法被普遍运用在佛像背光、环境植物、纹饰边框等画面之中。如莫高窟第 277 窟西壁龛口的联珠纹边饰、第 292 窟人字披西披龛下的双狮忍冬图案、第 257 窟的平棋图案等，都具有相似对称的美学特征。

（二）写实中求夸张变形

“艺术来源于生活，又高于生活。”绘画作为一种艺术表现形式，不单单是对物象的再现，也融合进了创作者的主观想象，是“有改变的写实”。敦煌壁画中的写实不同于西方绘画中的写实，并不追求严格、精准地再现外界的物象，而常采用“夸张”和“变形”的手法来达到特定的表现效果，借助丰富的想象和幻想，创造理想中的神佛及其活动的世界。

夸张，就是把物体的特征夸大或缩小；变形，则是改变物体的形态。敦煌壁画的创作中，一方面以这两种方法来表现神佛与凡人的不同之处，借由这些“不凡”来展示神威；另一方面也用变形夸张来表达自己对于强大的力量、健美的肢体等美好事物的追求。

敦煌壁画中常用的一种夸张变形方式，是将人体比例适当地进行纵向或横向的拉伸。对人物整体的拉高、拉长，可以令人像显得更加清瘦秀丽，即所谓的“秀骨清像”。例如北魏壁画中的飞天形象，大多上半身短而下半身长，飘带及双腿被夸张地拉长并顺势上扬，显得潇洒飘逸，符合当时社会以清瘦为美的风尚。而对人物整体的加宽、加粗，则可以令人物显得粗壮威武、孔武有力。例如北朝壁画中的夜叉形象，脖颈、腰背、下肢均十分短而粗壮，身体健硕，看起来粗犷有力。将这种拉伸方式应用在对人体局部的描绘中，亦有类似的效果。著名的敦煌学家、画家段文杰曾在临摹敦煌壁画时发现：“人物形象的肢体也变形，如人的手指有三节，生理特点是上面一节短，下面一节长，但壁画和塑像反过来了，最上一节特别长，这一变，创造了一只丰润纤巧的手，非常美。”这种因夸张变形而变美的曼妙手姿，甚至成为敦煌壁画的一个代表形象，常被人们临摹、欣赏、借鉴。

另一种夸张变形的方法，则突破了人体生理的局限，表现出神魔化、动物化的一些特征。首先是改变身体部位的数量，将一变化为二、变化为三、变化为数百数千。例如在莫高窟第 285 窟西壁，南侧所绘的那罗延天形象为三头八臂，北侧所绘的大自在天形象为三头六臂。又如榆林窟第 3 窟东壁南侧《千手千眼观音经变》中所绘的观音像，有五十一头，千臂千手，每只手上均生有一眼，手中持有不同的器物。这些“多头、多臂、多足、多目”的夸张变形，是人们对于扩展自身能力、增强躯体功用的一种想象，展现着古代社会中对于力量的崇尚和追求。其次，是将人类与鸟兽的躯体进行结合。如莫高窟第 249 窟中虎头人身鸟爪的雷公，第 285 窟中人身蛇尾的伏羲、女娲等。这种在人身上“嫁接”动物肢体的夸张变形，实际上表现出的是人们对于鸟兽飞行、奔跑、游泳等能力的一种艳羡与渴望。

从艺术表达的效果来看，敦煌壁画在刻画人物形象的过程中，通过合理运用夸张与变形的手法，突出了男性的阳刚之美与女性的阴柔之美。

男性的阳刚之美，主要体现在天王、力士、护法神的形象中。在夸张变形下，这些神祇往往身材高大，远超凡人，体魄健硕，似乎可以顶天立地，充满着力量之美。如莫高窟第 249 窟所绘的阿修罗形象，画中他手擎日月、足踏山海，天地山川与他相比都显得十分渺小，这种夸张变形使得这位大力战神的形象更加英武骁勇，也为整幅画面添加了神秘威严的气氛。

女性的阴柔之美，则大多由菩萨、飞天等姿态优雅的人物来体现。敦煌壁画中的女性画像，多以其丰满圆润的体态、温婉娴静的面容，展现着女性的柔美；有时其具有女性性别特征的胸乳、腹部等部位，会被夸张变形的手法强调了出来，带有原始生殖崇拜的色彩。例如莫高窟第 335 窟《劳度叉斗圣变》中的外道信女形象，就以极其夸张的手法突出了胸乳部分，富有女性特殊的体态魅力。

总的来说，敦煌壁画中各类或修长，或粗壮，或阳刚，或阴柔的夸张变形图像，都反映着当时人们的美好愿望。另外，值得注意的是，对一些丑恶、病态事物的夸张变形现象，实际上也表现着一种人们对于反面事物的抗拒排斥。在对敦煌壁画中的夸张变形现象进行深入剖析之后，我们不难从中推测出当时社会的审美追求，这对我们了解敦煌的社会历史文化有着重要的意义。

四、舞乐之迹

（一）虚步蹑空——飞天

“满壁风动,天衣飞扬”,身姿曼妙的飞天,是敦煌壁画最优美的一张“名片”,甚至曾经代表敦煌文化出现在春晚的艺术舞台之上。那么家喻户晓的飞天形象究竟从何而来？又是如何绘于敦煌壁画当中的呢？

飞天，是印度古神话和婆罗门教当中对天歌神“乾达婆”、天乐神“紧那罗”的合称，他们是一对恩爱融洽且形影不离的夫妻，位列天龙八部众神之中。乾闼婆栖息于花丛之中，可以在天宫翱翔，主要任务是在佛国里散发香气，为佛陀献花、供宝。紧那罗并不能飞行，主要任务是在佛国里奏乐、歌舞。后来，乾闼婆和紧那罗合为了一体，从此不分男女、不分职能，变为了后来人们所见的飞天形象。

敦煌壁画中的飞天，虽然脱胎于印度文化中的飞天，却与中国传统道教文化中的羽人等形象交流融合，发展出了具有中国特色的飞天形象——无翅无羽，不驭风、不腾云，而主要凭借飘曳的衣裙、飞舞的彩带凌空翱翔。敦煌飞天可以说是中国艺术的一次天才的“再创作”，是世界美术史上的一个奇迹。

敦煌地区现存的飞天像超过 6000 身，在约 500 多个石窟中，几乎每一窟都绘有飞天的形象。他们在壁画当中并不占据主体位置，而是多作为陪衬出现。从时间上来看，自十六国时期到清朝，跨越千余年时间、历经十多个朝代，飞

莫高窟第305窟窟顶西披 飞天(隋代)

天像始终是敦煌壁画中一个突出的题材。

在早期的北朝时期，敦煌飞天带有典型的西域风格，男性特征较明显，显得有些健壮而笨拙。如莫高窟第272窟顶四披和第275窟北壁本生故事画上方的几身飞天，他们脸型圆润，身材粗短，上身裸露，肩披大巾，腰缠长裙，还没有形成后期那种灵动曼妙的身姿。

隋代的敦煌飞天正处在融合、探索、创新的时期。与前期略显粗壮的体型不同，飞天形象开始变得身材修长、绰约多姿，脸型则更加瘦长、清秀。他们或上身半裸，或着大袖长袍，在天空中姿态各异，单飞、群飞、上飞、下飞，活泼灵动，极具动态之美。如现存洞窟中飞天画像最多的莫高窟第427窟，窟内共绘有飞天108身，他们皆头戴宝冠，上体半裸，项饰璎珞，身披彩带，腰束长裙，婀娜多姿，体态优雅。

及至唐代，敦煌飞天进入成熟时期，艺术形象达到了最完美的阶段。这时期的敦煌飞天已完成了中国化、民族化、女性化、世俗化、歌舞化的历程，是完全中国化了的飞天，开始表现出欢乐空灵的精神境界和雍容华贵的民族风格。例如莫高窟第321窟西壁佛龛两侧的两身“双飞天”，昂首挺胸，双手散花，衣裙飘带随风舒展，潇洒轻盈，就像李白诗中“素手把芙蓉，虚步蹑太清。霓裳曳广带，飘拂升天行”的缥缈仙人。

五代及宋以后，敦煌飞天在造型动态上再没有出现大的创新，逐步走向公式化，进入了衰落期。其后的西夏、蒙元统治时期，飞天形象带有明显的少数民族及密宗风格，虽然仍各具特色，但已不复盛唐时代的气象。

千姿百态的飞天形象，糅女性身体的阴柔与男性躯体阳刚于一体，同时也是中西文明交融的缩影，在不同的历史时期展现着不同的姿态，别具风格情趣。“天花乱坠满虚空”，这些无忧无虑，捧花蹑空的神灵，代表了极乐世界的欢乐，也代表了人们对于真、善、美的美好追求。

（二）反弹琵琶——伎乐

敦煌伎乐，是指敦煌壁画中以演奏乐器为主的人物形象。敦煌石窟中有极其丰富的古代伎乐形象和乐器图像，据敦煌研究院音乐舞蹈研究室近年来的调查统计，仅莫高窟绘有伎乐形象的洞窟就有200多个，伎乐3400多身，大小不同的乐队490多个，共有乐器44种，4300余件。这样多的伎乐形象和乐器图像，可以称得上是世界上保留音乐资料最丰富的博物馆。

敦煌壁画中的伎乐可以分为两大体系：佛国天界中的伎乐和世俗人间中的伎乐。

佛国天界中的伎乐，包括天宫伎乐、药叉伎乐、飞天伎乐、化生伎乐、菩萨伎乐和迦陵频伽伎乐。天宫伎乐，特指画在敦煌石窟北朝时期洞窟顶部藻井中和四壁上层的乐舞天人。药叉伎乐，即夜叉伎乐，指演奏乐器的夜叉形象。

莫高窟第 112 窟东壁东侧观无量寿变之反弹琵琶乐舞（中唐）

飞天伎乐，指怀中抱持乐器的飞天。化生伎乐，指持乐器演奏的化生童子和化生菩萨。菩萨伎乐，实际上就是奏乐歌舞的供养菩萨，大多出现在佛殿两侧的礼佛乐队中。迦陵频伽伎乐，是指演奏乐器的迦陵频伽形象，“迦陵频伽”是梵语音译，意为妙声鸟或美音鸟，是佛国世界里的一种神鸟。

世俗人间中的伎乐，包括故事画伎乐、供养人伎乐、出行图伎乐、嫁娶图伎乐、宴饮图伎乐，顾名思义，就是出现在佛教故事画、供养人画，以及一些出行、嫁娶、宴饮场景画面之中的演奏者。这些伎乐大多以乐队的形式出现，演奏琵琶、箜篌、方响、横笛、排箫等乐器。

若要在敦煌壁画中选出一身最有代表性的伎乐形象，那么非“反弹琵琶”的那位伎乐莫属。在莫高窟第 112 窟《西方净土变》的“伎乐图”当中，有一位伎乐头束高髻、上身赤裸、下着长裤、身上披有璎珞佩饰。她两眼微微下垂，神态自若，伴着舞蹈将手中琵琶置于脑后，丰腴的双臂在斜上方反握而弹，左胯重心向后提起，右脚翘起，充满无限活力。这幅“反弹琵琶”伎乐像造型丰腴饱满，线描写实明快、流畅飞动，整个画面灵动、典雅、妩媚，令人赏心悦目。无论是从反映生活的角度，还是从绘画技法的角度，这幅伎乐像所取得的成就都是引人注目的，是敦煌壁画中的杰作。

链 接

琵琶由历史上的直项琵琶及曲项琵琶演变而来，据史料记载，直项琵琶在我国出现得较早，秦、汉时期就已具雏形。南北朝时，通过丝绸之路与西域进行文化交流，曲项琵琶由波斯传入我国，对盛唐歌舞艺术的发展起了重要作用。从敦煌壁画和云冈石刻中，仍能见到它在当时乐队中的地位。琵琶经过历代的流传，在外形式样、规格和演奏姿势等方面，都有程度不同的改变。自唐代以后，琵琶发展为竖抱，但福建南音一直保持古老的横抱姿势，因而又有“横抱琵琶”之称。

第五章　叹为观止

——敦煌藏经洞

单元案头

连接中国与西域的丝绸之路迢遥千里，放眼望去，两边只有一望无际的荒凉大地。公元 4 世纪，在敦煌游历的僧侣法显曾这样描绘脚下的土地："上无飞鸟，下无走兽，唯以死人枯骨为缥帜耳。"在这片茫茫的荒芜之下，举世无双的莫高窟被风沙掩盖着，静静地长眠。曾经，人们给这条南北长 1.7 公里、遍布大大小小石窟的断崖起过一个好听的名字——沙漠大画廊。但那曾经辉煌的莫高窟，曾参与风云际会、沧海桑田的莫高窟，曾见证古老中华历史变迁的莫高窟，终究在朔风与黄沙的侵蚀下，磨灭了最后的一丝荣光，没能逃出盛极而衰的命运。天意就像一场祸福相依的轮回，几百年后的 1900 年，被人遗忘的敦煌莫高窟终于迎来了命运的转机。

"忽有山炮响震，忽然山裂一缝隙，吾同工人用锄挖之。欣然闪出佛洞一所，内藏古经万卷。"一百多年前，一个名叫王圆箓的道士在给慈禧太后上书时如此回忆道。这夸张的寥寥数语，记录了王道士在敦煌清理莫高窟时发现藏经洞的过程。愚昧无知的王道士也许想象不到，这"欣然闪出"的"佛洞一所""古经万卷"，对于整个中国乃至整个世界的意义。他挥动的这几锄，挖出了亚洲

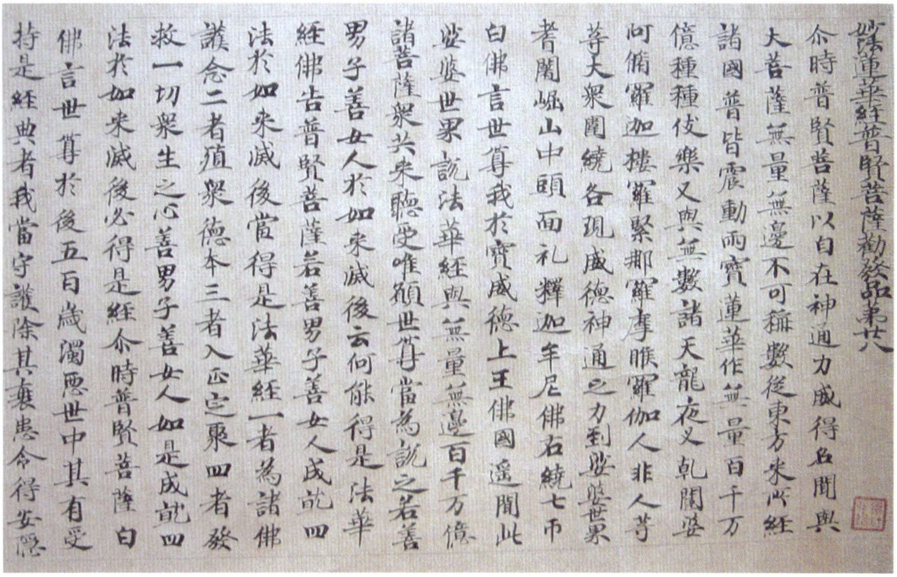
妙法蓮華經普賢菩薩勸發品第廿八
尒時普賢菩薩以自在神通力威德名聞與
大菩薩無量無邊不可稱數從東方來所經
諸國普皆震動雨寶蓮華作無量百千万
億種種伎樂又與無數諸天龍夜叉乾闥婆
阿脩羅迦樓羅緊那羅摩睺羅伽人非人等
等大衆圍繞各現威德神通之力到娑婆世界
耆闍崛山中頭面禮釋迦牟尼佛右繞七帀
白佛言世尊我於寶威德上王佛國遙聞此
娑婆世界說法華經與無量無邊百千万億
諸菩薩衆共來聽受唯願世尊當為說之若善
男子善女人於如來滅後云何能得是法華
經佛告普賢菩薩若善男子善女人成就四
法於如來滅後當得是法華經一者為諸佛
護念二者殖衆德本三者入正定聚四者發
救一切衆生之心善男子善女人如是成就四
法於如來滅後必得是經尒時普賢菩薩白
佛言世尊於後五百歲濁惡世中其有受
持是經典者我當守護除其衰患令得安隱

藏经洞出土的敦煌写经 敦煌研究院藏 674 号

古代最为辉煌、最为灿烂的文化宝藏。敦煌，这座被历史的黄沙掩埋了数世纪的城市，随着藏经洞的发现，又重新出现在人们的视野里，吸引了全世界的瞩目。但是，数年之间，随着敦煌藏经洞的名声渐播渐远，敦煌藏经洞的宝藏，也被闻风而至的各种“探险者”掠夺瓜分。他们就像所有往来古今的西域客商一样，随着声声的驼铃离开敦煌，满载而归；不同的是，他们留给这片土地的既非财富，也无文明，只有深深的伤痕与哀叹。

一、封存重现之迷

（一）藏经洞的封闭

如今，平静祥和的敦煌，依旧保持着它与生俱来的文化热度。人们已经习惯于把这里那个长宽高均不足三米却闻名世界的小小洞窟，称作“藏经洞”。在今天的莫高窟，藏经洞的正式编号是第 17 窟，位于第 16 窟内甬道的北壁，坐北朝南，如果忽略其中卷帙浩繁的文献，这个洞窟只是一个不起眼的耳室。

它原本是晚唐诗琪沙门河西都僧统洪䛒的影堂，用于绘塑高僧的真容，来供后人纪念。洞内地面呈方形，边长不足 3 米，洞高则不足 2.5 米，北壁设有长方形禅床式低坛，洪䛒的泥制塑像就端坐于低坛之上，塑像背后的壁画，则绘有洪䛒生前的一些生活场景。后来，在这个洞窟被用于藏驻经书典籍时，洪䛒的塑像被移置到了其他洞窟。就是这样一个小小的石室，容纳了数万件的经卷、文书、幡画、佛像、法器，在暗无天日的山岩中度过了漫长寂寥的岁月。

迄今为止，人们所知道的关于藏经洞文书中有题记的最晚记载，来自一则藏于俄罗斯圣彼得堡东方研究所的题记。这则题记后面的落款时间为“大宋咸平五年壬寅”，说明其写成的时间是公元 1002 年。因此，如今人们公认的藏经洞封闭时间,应该在公元 1002 年以后。也就是说,在藏经洞被王圆箓发现之前，这些珍贵的文物宝藏，已经随着敦煌这座城市沉寂了近九百年的时间。

虽然这些藏经洞的出土文献就像一串串密码，帮我们解开了不少扑朔迷离的历史难题，但仍有一个关键的问题我们仍未知晓其答案——就是关于藏经洞的性质和其关闭的原因。对于这个问题，来自世界各地的学者有着不同的看法。为什么这些数量众多、内容纷杂的文献会被储存在这里？人们封闭它的原因又是什么？现在流行的说法主要有以下两种：

一为避难说。持有这种观点的学者们认为，藏经洞的封闭主要是受到了战争的影响。敦煌地区的僧侣们为了避免这些文献受到战争的波及和破坏，选择把这些重要、珍贵的典籍，封存在远离硝烟、人迹罕至的藏经洞之中。避难说最早是由法国人伯希和提出的，他在《敦煌石室访书记》中说：“洞之封闭，必在 11 世纪之前半期，盖无可疑。以意度之，殆即 1035 年西夏侵占西陲时也。”他的理由有两点：第一，敦煌藏经洞所出的文献中并无西夏文本；第二，洞内所藏文献、书画等物品十分凌乱，像是被人仓促之间堆藏起来的。现代学者中支持这种说法的占多数。

另一推测为废弃说。一些学者认为，藏经洞里面的文献和器物，都是被古代敦煌的僧人们所废弃不要的物品。最早提出废弃假说的是英籍匈牙利人斯坦因，他的理由是：藏经洞中存有大量汉文碎纸块、绢画残片等残损之物，像是由当时敦煌各寺院收集起来的废弃物；而藏经洞就是这样一个堆放废弃物的场所。另外有学者指出，敦煌当时最为珍贵的《开宝藏》、金银字大藏经等典籍，并没有出现在藏经洞内，反而是一些残破不堪的碎卷断篇保存了下来，这不符合"藏书藏精"的常理。

"避难说"与"废弃说"究竟孰是孰非，今天的学界还没有一个确定的论断。但根据对现有敦煌文献的研究整理，我们可以发现，敦煌文献中的许多记载都与建于公元 834 年前后的三界寺有着千丝万缕的联系。因此我们可以推测，藏经洞与三界寺之间，一定存在着某种关联。据历史文献记载，从西晋僧人竺法护、竺法乘在敦煌建造寺庙、广传佛法开始，历代都有僧侣在此地建造寺院，晚唐五代时敦煌的官方寺院更是达到了十七所之多，三界寺就是其中的一所。那么三界寺到底与藏经洞有着怎样的因缘呢？我们可以结合"避难"与"废弃"二说，进行合理的猜想：

公元 900 年左右，中国正处于历史上最为纷争混乱的五代十国时期。当时的敦煌战火频仍，众多寺庙也未能幸免于难，三界寺便是在战争之中被焚毁的。可以猜想，当时收藏在三界寺当中的佛教典籍，也随着纷飞的战火，被永远地烧毁了。战争过后，三界寺开始在废墟之上进行重建，但此时寺内的佛教典籍十分稀缺，连供僧人日常的诵读都十分艰难。如何重新建立丰厚的经藏，成为僧人们迫在眉睫的难题。毕竟经卷作为佛教文化的重要载体，对于一座寺庙的重要性，就像水之于生命一样不可或缺。据文献记载，此时的三界寺站出了一位名为"道真"的弟子，他立下宏愿，要于诸家藏书之中寻访被损毁的经文，将它们重新辑录、修补头尾，以期能够千秋万代流传于世。今天我们推测，当时除了道真和尚在四处搜集经卷外，三界寺也应还有一大批僧众在全国各地从事着同样的工作。通过他们多年的不懈努力，三界寺的经卷从无到有，从少到多，聚沙成塔似地逐渐丰富起来。然而好景不长，公元1006年，西北地区再次陷入战火纷争之中，敦煌西部的于阗王国被一股外来的力量所吞灭。战争的阴霾再一次笼罩在敦煌这座小城的天空之上。三界寺的僧人们担心，他们苦心收集多年的经卷将再一次被战火摧毁。佛寺僧众商量后一致决定，将三界寺所有的经籍和珍贵的佛教用具封存起来。于是，三界寺的僧侣们选择了三界寺附近的一个洞窟，将曾被破坏过的经书残卷及重新整理的典籍文献都放了进去。与此同时，为了更好地保存这个洞窟，僧侣们还在封闭洞窟的那面墙上绘制了精美的壁画，以掩人耳目。因此，九百多年后，当王圆箓偶然之间打开这座尘封的洞窟时，数千数万卷的典籍才终于重见天日。千年的漫漫黄沙被拂去，敦煌曾经带给这个世界的灿烂光辉，终于被再次点亮。

（二）藏经洞的发现

藏经洞的发现，就像一个平静的湖面下暗潮汹涌的故事。

1900年，在一个平常的早晨，太阳像过去的千百个日子那样，缓缓地从地平线上升起，照耀着这片历经沧桑的黄色大地。寓居于敦煌莫高窟的道士王圆箓，像往常一样，起床，打坐，吃完斋饭，诵经。只是今天稍微有些不同，他近日雇了一个佣工，在一个洞窟的甬道里写经。他得去“查岗”，看看这个佣工写经写的怎么样了，会不会因为偷懒而延误经书的完成时间。当他走进莫高窟第16窟的甬道时，发现这个佣工正对着一面墙壁发呆。王道士很生气，拿钱不干事，这可真是个靠不住的家伙！他走过去，问此人在看什么，为什么不干活。只见这个抄经人惊讶地指着墙面说：“这是一堵空墙，里面好像还有更深的洞窟。”原来此人平时抄经抄累的时候，喜欢抽旱烟，并时常将点烟的芨芨草插进甬道墙上的缝隙当中。但是这一天他像往常一样往绘满壁画的墙壁

藏经洞出土绢画（英国博物馆藏 47 号）

插芨芨草时，芨芨草居然一下子没入到了墙体之中。佣工觉得奇怪，轻轻地敲了一下墙壁，里面竟然传来空空的声音。正在他丈二和尚摸不着头脑的时候，王道士就出现了。王圆箓听完佣工的这番话后，半信半疑地试着用手指敲了敲面前的墙壁，居然真的传来了空响。回想起往日里听过的关于密室与珍宝的传说，王道士猜想，这宛若极乐世界的莫高窟内，一定藏着什么神秘的宝藏或故事。一想到墙后可能有着堆积如山的财宝，他就感到心痒难耐。于是，王圆箓立刻去请了几个工人过来，带着铁锤等工具，来到了墙边。一阵叮叮当当的声音以后，轰然一声巨响，石墙被工人们推倒了，整个甬道都浮满了灰尘。当所有一切都再次归于沉寂，王道士和工人们走进了墙壁后的世界——没有满地的金银，没有堆积的珠宝，只有一室如小山般高高摞起的经卷。这让满怀期待的王道士多少有些失望，他走近这堆经卷，随手抓起一卷，拂去灰尘翻开来看。没想到书上的字体弯弯曲曲、略显斑驳，十分难认，让他顿时觉得有些头疼。在工人的询问声中，王道士并不能够准确地说出这上面的意思，于是他垂头丧气地打了退堂鼓："唉……回吧！"

夜里，王道士打坐良久却难以平静，无法入睡。在想象中，他重新回到了白天的那个洞窟，看着满室堆放的经卷和那些厚厚的灰尘，他突然福灵心至地意识到，这些东西可能已经封存上百年甚至是上千年了，是实实在在的"古董"。这个想法令他欣喜若狂，再看这一室藏书，王道士觉得这简直是满屋珍宝。第二天，他赶紧向敦煌县，以及省、道两级政府做了报告，并把他觉得最好看、最珍贵的一些经卷和绢画呈了上去。当时任甘肃学政的叶昌炽收到了敦煌县长汪宗翰送来的礼物——几本藏经洞的经卷和绢画。他隐隐约约地感觉到了这批文物的价值，于是建议甘肃藩台把藏经洞中所有的古物运送到省府保存，但是藩台衙门以"经费不足"四个字驳斥了回去。日复一日、年复一年，王圆箓并没有等来政府关于如何处理这批文物的通知，甚至他呈送的珍贵样品也不知去向、有去无回。无论王圆箓如何奔走游说，当地的官员始终没有重视这灰扑扑的旧纸堆。终于，王道士心灰意冷，也不再理会洞窟里的那堆残书古卷了。

王圆箓永远也不会知道，他到底开启了一扇怎样的门。一千多年前，佛国的世界，世俗的生活，西域王宫的奢华，丝绸商旅的艰辛，都随着这扇门的打开，而重新展现在了世人的眼前。

二、劫掠散佚之殇

（一）藏经洞文物的散失

当一位驻扎酒泉的满族官僚，正在戏谑地称藏经洞文书中的书法还没自己写得好；远在欧洲的斯坦因，正不远万里向敦煌而来。常人都畏惧沙漠干旱、寸草不生，但是斯坦因却说：“我时常希望，再次回到自由宁静的沙漠中去。”他是考古学家，但不懂汉语，在前往敦煌以前，斯坦因已经在和田、尼雅、楼兰等地的许多古遗址中进行过了发掘，盗取了大量的文物。1907 年的春天，在藏经洞被发现 7 年以后，斯坦因“故技重施”，在一个午后来到了敦煌。他带着很多大木箱，身边还跟随着一个中国的“师爷”。当地人看着这些木箱，以为他就像古往今来的商人一样，带来了什么奇特的物产，然而，这些箱子都是空的。斯坦因在日记里这样写道：“敦煌人仍与马可波罗时代一样虔诚，在几乎垂直的砾岩峭壁上，有许多昏暗的洞窟，这奇特的景象使我想起，很久很久以前看到的早期意大利的绘画。”这是他对敦煌莫高窟的第一印象。今天的敦煌，游客不绝如缕，人们从四面八方来到这里，只为一睹莫高窟的真容。然而一百多年以前，敦煌莫高窟却是一个被世界遗忘的地方。斯坦因抵达敦煌后，并没有直接去莫高窟劫掠经卷，这个狡猾的“商人”登门拜访了敦煌知县王家彦，甚至还给知县一家拍了一张全家福。他完全摸清了清朝官员们官场上的规矩，通过伪造一张写有“英国大臣”身份的护照，骗取了王家彦和王圆箓的信任。王道士惊奇地看着这个屈尊降贵的英国大臣，他和普通人一样蹲在火边吃东西，像工人一样住在风吹雨打的帐篷里。王道士没有想到的是，这个看似平易近人的“大臣”，正打着收买自己，进入藏经洞的鬼主意。斯坦因发现，王

斯坦因的行李车停在敦煌县城一寺庙前 (1907 年摄)

道士对待宗教十分虔诚，似乎并不容易被金钱所收买。但他很快就找到了王道士的软肋——他特别崇拜玄奘。每当斯坦因向王道士讲述自己是如何沿着玄奘的足迹穿越沙漠、游历异国时，王道士就会流露出兴奋入迷、心驰神往的神情。于是斯坦因让他的中国“师爷”转告王道士，是玄奘的在天之灵将这些经卷托付给了他，而现在，斯坦因这个从印度来的使者，要把这些东西重新带回印度去。愚昧可怜的王道士就这样上了钩，将斯坦因带到了藏经洞前，并打开了密室的门洞，将这些经卷暴露在斯坦因面前。“只见一束束经卷一层层堆在那里，密密麻麻。”这是斯坦因第一次看见藏经洞的感受。在见过这些精美的经卷以后，斯坦因提出，以四十锭马蹄银换取全部的经卷。但是王圆箓没有同意斯坦因的要求，他同意收下斯坦因的二百两银子，让他把九千多卷文书和五百幅佛像绢画带走。于是，斯坦因就这样，带着二十四箱珍贵的文书经卷，以及五大箱精美的艺术品，满载而归，成为第一个劫掠敦煌文献的异国“大盗”。

第二年，法国人伯希和从清朝伊犁将军长庚那里，得知敦煌莫高窟发现了古代写本的消息，并且看到了一卷流散出来的写经，立刻判断出这是8世纪的珍贵文物。他取消了带领东亚考察队由乌鲁木齐向西北方向行进的计划，立即赶赴敦煌。于是，藏经洞迎来了第二位不怀好意的“冒险者”。伯希和是一名汉学家，除了精通汉语之外，他还懂得几种中亚流行的语言。语言上的天赋和对中国图书版本学的知识，为他后来盗取藏经洞文献提供了极大的便利。伯希和此次来到敦煌，用摄像机对洞窟进行了全面的拍摄，并第一次对莫高窟的洞窟进行了编号。“当我置身于这个宝库，三侧都布满了一人多高的卷子，你可以想象我的惊讶。”伯希和这样写道。他用了三个星期的时间，翻阅了藏经卷的所有经卷。在离开敦煌时，伯希和用五百两银子，换取了七千卷藏经洞文物。就这样，在声声诵佛声中，在这片黄沙大地无声地控诉中，伯希和与斯坦因一样，像个战争的得胜者，带着满载而归的几车木箱，兴高采烈地离开了敦煌。车辙印在黄沙之上，就像留在古老民族心中的一道道伤痕。

在1909年的秋天，北京的学界名人参加了接待伯希和的宴会，在此次宴会上，著名学者罗振玉见到了来自藏经洞的经卷。在宋版书都已经很少的中国，突然出现了从未见过的六朝隋唐古写本，罗振玉大为吃惊，整个学界都被震动了。直到这时，清政府才下令，把剩余的经书运往北京。这时，藏经洞的经书才用草席草草遮盖，运往北京。从敦煌到北京的路上，押送经卷的大臣直接把精美的经卷据为己有，甚至将完整的经卷一撕为二。原本编号超过10000多号的经书，被送进京师图书馆时就剩下了8000多件。

就这样，历经天灾与人祸，敦煌藏经洞的经卷在短短的十几年间散落各国，其中精品大多都被外邦劫掠而去。我国著名文学家陈寅恪先生曾悲愤地感叹：“敦煌者，吾国学术之伤心史也。”

链 接

自从 1908 年 5 月 27 日，伯希和带着 6600 多卷藏经洞文物和 368 张莫高窟照片离开敦煌以后，莫高窟——这座中国也是世界现存规模最大、内容最丰富、延续时间最长的佛教艺术和历史文化宝库自此蜚声世界。以敦煌地区保存最为丰富的历史文献和艺术文物为研究对象的“敦煌学”，也因为这些经卷的发现和研究，开始逐步成为一门国际性的显学。

（二）敦煌文献如今的藏佚状况

有人说，对于敦煌莫高窟藏经洞的经卷，经过无数的辗转波折，现今“藏于英国者最多，藏于法国者最精，藏于俄国者最杂，藏于日本者最隐最秘，藏于中国者最散最乱。”听起来何等的可悲！那些中华大地孕育出的文化瑰宝，如今却被迫收藏在异国他乡的陈列馆内。我国那些为了敦煌学而孜孜不倦的学者们，想要再看一眼藏经洞中的文献，就必须远渡重洋，取得“参观许可证”，才能见到那些背井离乡、流落在外的典籍。

斯坦因从敦煌带出去的那部分经卷，现今主要藏于英国图书馆、大英博物馆、印度新德里博物馆、英国印度事务部图书馆等，还有少量的古藏文写卷藏于英国牛津大学图书馆和英国皇家亚洲协会。1957 年英国根据对斯坦因所带走的汉文经卷进行整理和研究，出版了《英国博物馆藏敦煌汉文写本注记目录》。该目录收录了大量的汉文写卷本，新编为 8102 号（简称 G.），比较细致准确，但仍非英国藏敦煌文献的全部。据估计，英国现存的敦煌汉文写卷达到 12000 件左右。除此之外，斯坦因在敦煌所盗走的藏经洞绢画、麻布纸、丝织品等工艺品和艺术品，现存的共有 536 件，其中大英博物馆收藏 282 件，印度新德里博物馆收藏254件。

伯希和所盗走的敦煌文物，包括数千卷的汉文、回鹘文、藏文和其他少数民族文字的写经卷以及数百种的绢、麻、纸本的彩色画、白描和版画等敦煌遗画。可以说，伯希和“精心挑选”而带走的这批文物，品类齐全、质量上乘，价值最高。如今，这些文物当中的写卷本被法国国家图书馆东方部收藏，绘画和刺绣等艺术品则被巴黎集美博物馆收藏。据统计，现今法国收藏的敦煌写卷共有2800余件，美术品241件。

除英法之外，俄国也藏有数量庞大的敦煌文物。据说，俄罗斯科学院东方研究所圣彼得堡分所收藏的敦煌藏经洞文物超过10000件，其中大部分是碎片式的佛教文献。这一批文物，是由奥登堡所带领的俄国东突厥斯坦考察队，在1914年至1915年间陆陆续续从敦煌掠去的。考察队绘制了四百四十三个洞窟的平面图，拍摄下来了近三千张照片，还临摹了部分敦煌壁画，带走了大批的写本经卷和其他文物。由于有关奥登堡的考察日记、报告等历史资料，一直被俄国科学院保密留存，没有对外界公布，因此当时考察队进入藏经洞的细节、带走文物的数量等我们无法准确推断。然而可以确定的是，在斯坦因、伯希和的劫掠之后，奥登堡考察队的到来是藏经洞的又一次灾难，连其中残破的书画都未能幸免，全部被洗劫一空。

日本也藏有相当可观的敦煌文献。1911年10月，日本大谷探险队的吉川小一郎和橘瑞超以僧人的身份来到敦煌，从王道士手中盗买了500多卷经卷、7000多卷吐鲁番文书以及大量其他的丝织品、画绢、雕塑和木简。橘瑞超所盗买的那一部分文物，后来由大谷光瑞转移到了旅顺原关东厅博物馆，后被送返中国，现藏于旅顺和北京图书馆。而吉川小一郎所劫走的敦煌写卷，现藏何处不明。日本现今所公布的敦煌文物，主要来自从中国购买的社会流散写卷。收藏于大谷大学、西本愿寺、京都博物馆、国会图书馆、大东急纪念馆等处，还有一部分由私人收藏。日本的敦煌写卷总数大概有 600 多件，其中所藏的吐鲁番文书对于今天敦煌学对西域的研究具有重要的价值。

除了英、法、俄、日等国收藏有敦煌文献外，藏经洞的遗物还流失在美国、丹麦、韩国等国家。据专家估计，流散至海外的敦煌文献大概占所有藏经洞文献的五分之三。

中国现存的敦煌藏经洞文物大概有 20000 多件。在斯坦因、伯希和等人劫掠藏经洞后，运送至北京的藏经洞文献于 1910 年藏入京师图书馆。在意识到敦煌文献的重要性之后，一大批国内学者加入了研究和“抢救”国宝的行列中。1924 年，陈垣编撰《敦煌劫余录》，并于 1931 年出版，全书分为十四帙，是我国公布最早的敦煌艺术分类目录，让世人对残存的敦煌文献有了大致的了解。1929 年，胡鸣盛、许国霖又从残卷中整理出 1192 件“残卷目录”。1981 年，北京图书馆根据我国新征集收购的敦煌写卷，挑选出 1065 件，编成了《敦煌劫余录续编》。除了国家图书馆，我国其他地方性图书馆和大学也收藏了一部分敦煌写卷。敦煌研究院藏 700 余件，甘肃图书馆有 100 余件，甘肃省博物馆藏 137 件；除此之外，敦煌博物馆、西北师范大学历史系、上海图书馆、天津艺术博物馆、北京大学图书馆都藏有或多或少的敦煌文献；酒泉、张掖、武威、西宁、南京、合肥等地也有零星的少量敦煌写卷留存。

链 接

敦煌文献，又被称为敦煌遗书，是对 1900 年在敦煌莫高窟第 16 号洞窟耳室中发现的一批文献材料的总称，包括上起东汉、下至元代近 1200 年间的古代写本、印本，总数有约 6 万件。这些文献大部分为宗教典籍，其余部分则涉及文学、政治、经济、科技、历史、地理等各个领域，几乎囊括了当时社会的所有方面，是我们研究古代敦煌乃至古代中国的第一手资料。因此，敦煌文献又被誉为“中国中古时代的百科全书”“古代学术的海洋”。

三、敦煌文献之载

（一）宗教典籍

敦煌文献内容广博，其中，宗教文献无论从数量上还是质量上来说，都是最重要的一部分。藏经洞中的宗教典籍主要包括佛教文献、道教文献以及景教、摩尼教文献。

1. 佛教文献

由于敦煌石窟主要是佛教的活动场所，因此，敦煌文献中佛教文献的数量极为庞大，约占全部敦煌文献数量的 90%，包括经、律、论、疏、赞文、咒文、发愿文、启请文、忏悔文、祭文、僧传等多种体裁形式，内容丰富，是敦煌文献中当之无愧的“主角”。

敦煌所出的佛教文献主要是佛经，其中包括一些当时社会较为流行的经、律、论，如《大般若波罗蜜多经》《金刚般若波罗蜜多经》《妙法莲华经》《维摩诘所说经》《大乘无量寿经》《金光明最胜王经》等。其中最有价值的，就是禅宗经典《坛经》的发现。《坛经》，全名为《南宗顿教最上大乘摩诃般若波罗蜜经六祖惠能大师于韶州大梵寺施法坛经》，是中国佛教禅宗的创始者——六祖惠能的传法记录，也是佛教中唯一一部由中国人创作而被尊崇为“经”的著作。禅宗自北魏传入中国后，经过中国僧人的改造，成为最具中国特色的本土佛教宗派。自唐代起，禅宗分为南北两宗，由于南宗慧能成为正统，早期禅宗历史及禅宗北宗历史逐渐被淹没。20 世纪发现于敦煌藏经洞的敦煌写本《坛经》，是现存《坛经》最早的写本，为研究早期禅宗的历史提供了新的资料，也有助于我们更加系统地去了解六祖慧能的禅学思想。另外，敦煌文献中还有许多与

古藏文六字真言经版

此有关的资料，如《菩提达摩南宗定是非论》《顿悟无生般若颂》《南天竺国菩提达摩禅师观门》《观心论》《楞伽师资记》等，其中《楞伽师资记》明确记载了禅宗北宗在神秀之后的世传体系，《观心论》则被认为是北宗创始人神秀的著作。

除了这些较为经典的佛经外，敦煌文献中还有不少世间已经失传的佛经，如北宋初年已经失传的三阶教典籍。三阶教，又称三阶宗，是由隋代僧人信行所创立的佛教教派，武则天执政时期曾一度兴盛。此教兴起于6世纪末，前后约经过了三百年的发展，屡屡遭受朝廷的禁止和佛教其他宗派的攻击。到了唐末以后，更被认为是异端邪说，日趋衰微，终于湮灭不传。据《开元释教录》记载，开元十三年（725）所有三阶的教籍均被除毁。一千多年以后，人们终于在敦煌文献中重新见到了失传已久的三阶教经典，如《三阶佛法》《三阶佛法密记》《佛说示所犯者法镜经》《三界佛法发愿法》等。这些失传佛经的发现，为佛教研究增添了新的内容。

敦煌佛经还有不少藏外佚经，即《大藏经》中未曾收录过的佛经，如《大乘四法经》《因缘心论颂》《异译心经》等，不仅可以用来填补宋代以来各版大藏经的不足,还为佛教经典和佛教史的研究打开了新的门径。一些梵文、古藏文、回鹘文、于阗文、吐火罗文与汉文对照的佛经，则对摸清汉译佛经的来源以及考证佛经原文意义具有很大的作用。

另外，敦煌佛经中还有不少所谓的“伪经”，即被认为是中国人假托佛说而撰述的经典。这些疑伪经，反映了中国佛教的特点，是研究中国佛教史的宝贵资料。敦煌文献中各类佛经的目录也不少，其中既有全国性目录、品次录、藏经录，也有点勘录、流通录、转经录，还有乞经状、配补录、写经录等，是研究古典目录学不可多得的材料。此外，敦煌佛经，尤其是隋唐时期的写经，由于校勘精良、错讹较少，对校勘唐以后的印本佛典也大有裨益。

敦煌文献中还有一批寺院文书，其中包括寺院财产账目、僧尼名籍、事务公文、法事记录以及施入疏、斋文、愿文、燃灯文、临圹文等，是研究敦煌地区佛教社会生活不可多得的材料。

2. 道教文献

敦煌是古代佛教圣地，道教的发展远不如佛教，但在唐朝前期，由于统治者推崇老子，道教一度兴盛起来。因此，在敦煌文献中也保存了为数不少的道教典籍，它们大多纸质优良、书法工整、品式考究，独具特色。

这些道教经卷约有 500 号左右，大多是初唐至盛唐的写本。其中比较经典的有老子《道德经》及其不同的多种注本，如河上公注、想尔注、李荣注，以及该经的题解。《道德经》，是春秋时期老子的哲学作品，被历代研究者认为是道家哲学思想的重要来源。《道德经》以“道德”为纲，论述修身、治国、用兵、养生之道，是所谓“内圣外王”之学，文意深奥，包涵广博，被誉为万经之王，对中国传统的哲学、科学、政治、宗教等领域均产生了深刻影响。据联合国教科文组织统计，《道德经》是除了《圣经》以外被译成外国文字发布量最多的文化名著。

敦煌文献中所存的《道德经》河上公注本为唐代注本，注文简洁清晰，透彻明了，是我们研究《道德经》及其注本的珍贵材料。想尔注则为六朝钞本，并不完整，始自《道德经》第三章“不见可欲，使心不乱”，终至第三十章“无欲以静，天地自正”，大致反映了想尔注的基本思想内容，是研究早期道教思想的珍贵资料。

除了《道德经》及其注本以外，敦煌道教文献当中的《太玄真一本际经》《太平经》《上清经》《灵宝经》等道教经典，也是我们研究中国古代道教理论的珍贵材料。《老子化胡经》，则是反映道教与佛教争夺地位的文献，元代以后，彻底亡佚，此经今仅存于敦煌文献中，十分珍贵。

3. 摩尼教、景教文献

除佛教、道教文献外，敦煌文献中还保存了有关摩尼教、景教文献。

摩尼教，又称牟尼教、明教，发源于古代波斯萨珊王朝，为公元 3 世纪中叶波斯人摩尼所创立，主要教义为“二宗三际论”，崇尚光明。摩尼教约于 6 至 7 世纪传入我国的新疆地区，又由新疆传入漠北回鹘，在当地盛行一时。唐武宗会昌五年的灭佛事件，对摩尼教产生了严重的打击，摩尼教从此转为秘密宗教，并吸收道教及民间信仰，改称明教。敦煌文献中存有的摩尼教文献共有三件，即《摩尼光佛法仪略》《证明过去教经》《下部赞》，这仅存的三件文献，使人们对文献中屡有记载却无法知其全貌的摩尼教有了更为全面清晰的了解。

景教是古代基督教的一个支派，于6世初传入中国，当时我国正处于唐朝贞观时期。景教在唐代流行情况，文献记载不详，直到16世纪明朝在长安发现《大秦景教流行中国碑》后才略知一二。敦煌文献中有七种景教文献，它们分别是《大秦景教三威蒙度赞》《尊经》《一神论》《序听迷诗所经》《志玄安乐经》《大秦景教宣元本经》和《大秦景教大圣通真归法赞》。这些罕见的景教文献，有助于人们全面了解其在中国流行的情况。

除了宗教史上的意义，敦煌文献中摩尼教、景教文献的发现，也为我们了解古代中西文化交流提供了重要的历史依据。

（二）文学文艺

敦煌文献中保存的大量古典文学资料，虽不及宗教典籍数量多，却更加丰富有趣，引人注目。它们主要包括《诗经》《尚书》《论语》等儒家经典以及诗、歌辞、变文、小说、俗赋等文学作品。

1. 儒家经典

敦煌文献中的儒家经典，其价值主要体现在对今本儒学典籍的校勘上。由于敦煌文献在百年前一直处于远世俗、不流通的状态，最大程度地保存了古书的原貌，避免了典籍在流传过程中可能出现的“脱、讹、衍、倒”等现象，是我们校勘古籍的一大助力。

敦煌儒家文献按类别来分，可以划分为经典、蒙训、杂著三类。

儒家经典，是中国传统文化的主要载体和精髓，源远流传两千余年。在敦煌文献当中，保存了近千件写本形式的儒家典籍，其中儒家的“十三经”就留存有“九经”,即《周易》《尚书》《诗经》《礼记》《春秋左传》《春秋谷梁传》《论语》《孝经》《尔雅》，年代最早的要追溯至六朝，最晚的则为北宋，时间跨度长达五六百年，多为唐五代时期的写本。这些写本比我们现在所用的宋元善本年代更早，为儒学和中国传统文化的研究提供了大量珍贵的文献资料，具有很高的学术和历史价值。在敦煌文献的儒家经典当中,《古文尚书》是我们今日所见到的最古老的版本；东汉经学大师郑玄所著《论语郑氏注》，更是失而复得的可贵文献；郑玄注《毛诗故训传》、南朝徐邈的《毛诗音》则是诗经研究中的重要参考资料。

蒙训文书，即少儿启蒙书。这类文献在敦煌遗书中数量不少，内容多与儒家传统价值体系相关，包括儿童识字、常识知识、道德礼仪、行为规范等等的各类启蒙教材，以及家书、家训等。

杂著类,则包括敦煌儒家文献中的书仪、占卜、儒论、杂抄等内容,较为驳杂。

2. 文学作品

敦煌文献中保存的诗歌数量很多，其中尤以唐五代时期为最多，大致包括佚存的唐代诗人之作、敦煌本地诗人之作、释氏佛徒之作、敦煌民间诗歌几个方面。敦煌佚存的唐代诗人之作，主要有《唐人选唐诗》《陈子昂集》《高适集》《李峤杂咏注》《白香山诗集》及一些残存诗篇，最著名的是晚唐诗人韦庄所作的《秦妇吟》。《秦妇吟》世无传本，直到藏经洞打开之后，才使这首诗完整地再现于世。它全诗共有 228 句，1600 余字，是现存唐诗中最长的一篇叙事诗，深刻反映了晚唐黄巢起义冲击下社会的真实状况，不仅有鲜明的政治内容，又配合以生动的艺术表现手法，是研究晚唐农民战争的重要史料。敦煌诗歌中保存的敦煌当地诗人之作，有《敦煌廿咏》《白雀歌》《龙泉神剑歌》等，多为反映敦煌社会现实，赞颂敦煌山水名胜和抒发个人情怀之作。敦煌释氏佛徒之作主要是僧人所创作的僧诗，以阐发佛教义理和劝善修道为主要内容。敦煌民间诗歌都来自民间，流传于民间，如《咏九九诗》《咏二十四气诗》、家训诗、学郎诗等等，这些诗艺术成就虽不很高，却充满生活气息，是我们研究敦煌古代社会生活的宝贵资料。

敦煌歌辞，过去一般称为曲子词，除少数文人作品外，大多数来自民间，作者几乎渗透于社会的各个阶层。在这些歌辞中，值得一说的是《云谣集杂曲子》的发现，这个集子编选了30首作品，从时间上看，明显早于传世的《花间集》《尊前集》，为研究词的起源、形式及内容，提供了宝贵的资料。敦煌歌辞由于作者的广泛性，极大地影响了题材内容和创作风格，使得它的题材内容丰富多样，艺术风格多姿多彩。

变文，是敦煌文学中最引人注目的一部分。变文中的"变"，即改编、改写的意思，这种文学体裁兴起于唐代，是一种混合了韵文与散文的说唱文学。变文的名称虽然早见于文献记载，但一直没有实物存世，直到敦煌藏经洞被发现，才终于重新展现在世人眼前。变文的内容主要有以佛教为题材的《维摩诘经变文》《阿弥陀经变文》等，以民间传说为题材的《孟姜女变文》《董永变文》等，还有以历史故事为题材的《伍子胥变文》《李陵变文》《张淮深变文》等。

敦煌文献中的话本小说，主要有《韩擒虎话本》《庐山远公话》等，为后世白话小说的发展开拓了道路。敦煌俗赋则有《燕子赋》《丑妇赋》等，是古代辞赋通俗化的产物，和文人赋有着明显的区别。此外，在讲经文、佛赞、偈颂等文体的作品中，也有不少文学性很强的佳作。

3. 语言学及乐舞资料

敦煌文献中还保存了一些重要的语言学资料，如《玉篇》《切韵》《一切经音义》《毛诗音》《楚辞音》《正名要录》《字宝》《俗务要名林》等。另外，敦煌文献中除大量汉文文献外，还有相当数量的非汉文文献，如古藏文、回鹘文、于阗文、粟特文、龟兹文、梵文、突厥文等，以藏文文献数量最多。藏文文献如《敦煌古藏文历史文书》《北方若干国君之王统叙记》《于阗教法史》《藏医疗杂方》《藏医灸法残卷》等，于阗文有《使臣奏于阗王奏报》《于阗王致曹元忠书》《致金汗书信和奏报》等，这些多民族语言文献的发现，对研究古代西域中亚历史和中西文化交流有着不可估量的作用。

敦煌文献还保存了一些音乐、舞蹈资料，如琴谱、乐谱、曲谱、舞谱等，它不仅使我们能够恢复唐代音乐与舞蹈的本来面目，而且将进一步推动中国音乐史、舞蹈史的研究。

链 接

《韩擒虎话本》是敦煌话本小说中艺术成就最高的作品，全卷218行，共5752字，现被收藏在伦敦大英博物馆。书中故事以韩擒虎平定南方陈国、降服北方突厥为中心，突出了主角韩擒虎将军勇猛善战、战功卓著。与其他传世的韩擒虎故事不同，敦煌话本惟妙惟肖地描述了韩擒虎被请做阴司之主的传说，整部作品充满传奇色彩。

（三）历史地理

敦煌文献中的历史、地理著作，也是不容忽视的一个部分，是我们研究中古社会的绝佳材料。

以史籍而言，敦煌文献中除保存了部分现存史书的古本残卷外，还保存了不少已佚古史书，如孔衍《春秋后语》、邓粲《晋纪》、李荃《阃外春秋》、虞世南《帝王略论》等，这些史籍不仅可补充历史记载的不足，而且可订正史籍记载的讹误。关于归义军统治敦煌的历史，在两《唐书》《资治通鉴》、以及新、旧《五代史》《宋史》等正史中记载都非常简略，也存在很多错误，人们通过只言片语对这段历史情况只能有零星了解。敦煌文献中，新发现的有关这段历史的资料有上百种，终于使这段历史的空白得以填补。另外值得注意的是，敦煌文书中还存在数种不见史书著录的敦煌地区的编年史，如“唐朝年代纪”“瓜沙事迹纪”“两汉至唐年纪”等，鲜明地体现出了敦煌地区史学著作的编纂特色及地区史学的特点。

敦煌文献中的一批地理著作，也十分引人注目，如李泰的《括地志》、梁载言的《十道录》、贾耽的《贞元十道录》、韦澳的《诸道山河地名要略》等，这些已亡佚的古地志残卷，是研究中国古代地理的重要资料。敦煌文献中还有一些关于西北地区特别是敦煌的方志，史籍中并没有留存下来记录，如《沙州都督府图经》《沙州伊州地志残卷》《寿昌县地境》《沙州地志》等。这些文献的发现对敦煌乃至西北历史地理的研究十分重要，每一件都是弥足珍贵的史料。

链 接

编修方志，是一种悠久的中国文化传统。方志起源的问题，历来众说纷纭，但主要有两种意见：一是方志起源于史，它是从古代史官的记述发展而来的，《周礼》中所提到的外史掌“四方之志”可能就是方志的源头；二是方志脱胎于地理学，是由我国古代最早的地理著作《尚书·禹贡》和《山海经》演变而成的。我国的地方志源远流长，其内容由简单到复杂，体例由不完备到比较完备，经历了漫长的历史过程。如今，这一传统仍然被人们所继承，各地都设有地方志编纂委员会，专门负责方志的编修。

（四）社会科学

社会科学文献，是指敦煌文献中与社会经济、科学技术有关的文书，它们记录了敦煌地区在经济、社会、科技方面原汁原味的风貌，具有很高的研究价值。

敦煌文献中有关社会经济的部分内容丰富，包括大量的民间契约、族谱地志、寺院和政府档案、法律政令、籍账状牒等各类公私文书，涉及唐、五代、宋初时期社会生活的各个方面，是时人日常生活的真实写照，也是我们研究敦煌古代社会历史的第一手资料。“公文书”，主要是指当时由官方发布的一些符、牒、状、帖、榜文、判辞、公验、过所、度牒、告身、籍帐以及官府往来文书等，例如敦煌文献中保存有许多唐代的“令、格、式”，使我们除了传世文献中的“律”之外，对唐代的法律文书形式有了更全面的了解。“私文书”，则主要是指各种内容的民间契约及社会文书，包括租地契、佃地契、借贷契、雇佣契、买卖契，以及纳赠历、放妻书、悼文、邈真赞、碑志、私家帐历等。这些公私文书，都是当时人记当时之事，完全保存了中古时期敦煌社会的原貌，使我们能够更加深入地了解真实的历史。

敦煌文献中的科技史料，主要包含数学、天文学、医药学、造纸术和印刷术等方面的内容。数学方面有《九九乘法歌》《算经》《立成算经》等，这些都是我国现存算术中最早的写本，是研究中国数学史的重要史料。天文学方面，有《二十八宿次位经和三家星经》《全天星图》《紫微垣星图》《玄象诗》等，它表明我国天文学在当时已处于世界领先水平，同时也为我国天文学和天文学研究提供了不可多得的资料。医学类的文献，大致可分为医经、针灸、本草、医方四类，数量上有近百卷。这些医书不仅为传世医书的校勘提供了较为古老的版本，其中保存的一些久已失传的诊法、药方也对医学史研究具有重要意义，甚至在如今的临床医学中也有一定参考价值。另外，敦煌文献保存了从东汉至元代连续不断的纸张样本，是研究造纸术发展的宝贵材料。敦煌文献中所藏的《金刚般若波罗蜜经》，是世界上现存最早的雕版印刷品，也是中国发明印刷术的实证。这些科技史料的发现，再次向世人证明了中国科学技术在古代居于世界的领先地位。

链 接

“咸通九年四月十五日王价为二亲敬造普施”，这一行字刻在敦煌文献《金刚般若波罗蜜经》的卷尾，正是这几个字让中国乃至世界的雕版印刷历史第一次有了确切日期——公元868年。美国学者卡特说：“在这个已经封闭了将近九百年的古代图书馆所藏写本中，发现了世界最古的雕版书。”这部《金刚般若波罗蜜经》由7张纸粘成一卷，全长488厘米，每张纸高76.3厘米，宽30.5厘米。敦煌研究院名誉院长樊锦诗说：“这部金刚经的刀法很好，用墨也很熟练，不愧为佛教卷轴经卷的绝妙样本。”

第六章　彪炳史册

——敦煌痴人

单元案头

在丝路贸易繁盛的时候，不绝的商旅和行脚的僧众，都往来于敦煌这座重要的枢纽城市，来自中原、印度、希腊、波斯的艺术和文明，在这里历经了千百年的汇聚和交融。如今，这些高低错落的石窟，就像是一部壮丽的图典，一座风格绚丽多变的艺术宝库，在人类历史文化的长河中，敦煌宝藏成为一朵瑰丽的奇葩。因此，守望成了一代代敦煌人坚定无悔的选择。为敦煌宝藏倾注了一身心血的先驱们，他们的身影，就像莫高窟壁画上的飞天一样，永远定格在历史的画卷中，守护着这里。

一、无名大师

在敦煌，保留着公元 4 世纪到公元 14 世纪的壁画，跨越了一千多年的时间，45000 千平方米的壁画，至今仍然精美如昔。无论是山水画还是人物画，无论是清新淡雅的笔调还是浓墨重彩的泼墨；无论是庄重严肃的佛国世界还是柴米油盐的俗世世界；都可以在这里找到。细致艳丽的色彩和豪迈大胆的构图，使佛国世界变得前所未有的宏大欢乐。著名的千手千眼观音像，运用了非常多的描绘手法。为了表现衣服的褶皱，画工运用了转折有致的折芦描；为了表现丝绸的光滑细软，运用了行云流水描；为了表现头发的飞扬飘举，运用了高古游丝描等等。画工运用不同的技法，将人物的各种神情动态和衣服的各种质感，表现得淋漓精致。一代又一代的僧侣、画匠、供养人，将他们的希望绘制在石壁之上。各种山川景物，亭台楼阁、花鸟图卉等，令人目不暇接。如果将这些雄伟瑰丽的壁画连接起来，可以排成 20 多公里长的画廊。这些流传千古的壁画作品，到底是谁创造的？这些画是完全出自敦煌画工之手，还是也有中原名家呢？

（一）壁画创造者——无名的大师们

敦煌，这个规模宏大的艺术殿堂，是一幅绘制了千年的画卷，在这些流光溢彩的画洞中，到处都能捕捉到大师的身影。然而，在历史上，这些大师们没有留下只字片语，他们其实大部分都是历史上默默无名、身份低微的画工们，除了这些壁画，他们没有在历史上留下任何信息，以至于今天我们都无从了解他们的生平。只有从零星的壁画题记和藏经洞的敦煌遗书中，了解到一些零星残破的大师踪影。

藏经洞遗书记录了一位五代时的画师董宝德，他曾经在敦煌作过壁画。作为公元 10 世纪的一位画界领袖，他不仅画技高超，而且家资丰足，生活优裕。事实上，敦煌的大多数画匠过的是一种与其完全相反的生活。他们吃不饱、穿不暖，还经常疾病缠身。每天只有一早一晚，两顿饭，他们的食物，都是一种干扁的很硬的饼，有点类似今天新疆的馕。除此之外，没有其他的食物可以充饥。他们在莫高窟的生活，可以用寂寞和清苦来形容。今天，我们透过洞壁上的壁画流利的线条和丰富的色彩，可以知道，他们中的任何一个人，都足以跻身伟大的艺术家之列。但是，在那个时代和环境下，这并不能改变他们卑微的命运。敦煌遗书中有这样一首诗："工匠莫学巧，巧即他人使，身是自来奴，妻是官家婢"这正是他们卑微命运的真实写照。

莫高窟第 17 窟窟门（晚唐）

很多只见于文字记载的伟大创造，竟然都在默默无闻的画匠们手中奇迹般保存了下来。先辈们的智慧，博大精深的佛教文化，以这种独特的方式流传至今，千余年的绘画精品，在敦煌一览无余。这些来自不同时代和不同地区的画匠们，把那个时代和地域的风格带到了敦煌。有骨骼清奇、线条细腻潇洒的魏晋风壁画;有色彩鲜艳、气势宏大，人物宛若宫廷美人，具有盛唐开放气象的宫廷壁画;也有集大成者的元时壁画。但是，这些历经了千百年的壁画，为何还能一直保持光鲜亮丽的色彩呢?这和他们使用的颜料有关系，这些无机矿物质完全取自于自然，经得起日光的照射和湿气的侵蚀。画匠们将事先选用好的矿物粉碎，再用清水研磨成不同颗粒度的色浆，再混以植物胶，就做成了他们常用的颜料。在这些工匠的笔下，朱砂的红色、雌黄的黄色、青金石的蓝色和云母的白色慢慢晕染开来，一幅幅瑰丽的壁画就这样徐徐铺开。一千多年以来，莫高窟旺盛的香火，吸引了大批民间画工前来敦煌谋求生计。依靠师徒相授，他们绘制壁画的手艺，在这里代代相传。在墙壁上作画，手腕悬空，无处依靠，同时肩部还需要很强的持久力，才能使手臂保持平衡。在昏暗的洞窟中，借着微弱的阳光和灯光，他们就这样画出了极其流畅的线条和精美的壁画。每天，当莫高窟迎来第一缕阳光的时候,这些画工就来到洞窟,勾绘他们心中的佛国世界。如今，透过这些或浓或淡的笔墨，我们依然能够感受到这些画工们绘画时的激情与专注。这些佛像和菩萨慈悲容颜的深处，似乎还描绘了一幅画工们心中的美好愿景。敦煌的画匠们一般为集体作业，但也有只一两名画家独立承担并画完一座佛窟的。譬如第 3 窟的壁画，壁画后面就有题记写着史小玉的名字。专家推测这或许就是这些画匠中的一个，以这种方式把自己的名字留了下来。但是千百年来众多的画匠，却没有人能够知道他们的名字。这些精美的壁画今天仍然存在，但是那些无名的画匠，却不知被淹没在了历史的哪个角落里。

从明朝在西域设置嘉峪关开始，敦煌就逐渐被王朝的统治者抛置在关外。在漫漫流沙中，敦煌和莫高窟的壁画都渐渐被人们遗忘。1945 年，敦煌的考古学家们在莫高窟的北区，一座低矮的洞窟中，揭开尘封的泥土，发掘出了一具尸体。经过分析研究，考古学家们得出一个结论，这是一位积劳成疾，病死在洞窟里的画师。他来自于哪里？他叫什么？他曾经为莫高窟画了什么？他为什么独自病死在这里？都无从知道。

今天，莫高窟这座艺术的长廊，已经成了无数艺术家的朝圣之地。他们来到这里，如痴如醉地临摹现存的壁画，并把临摹的画卷带到世界各地去开办画展。全世界的人，没有不为莫高窟的这些精美绝伦的画卷所震撼的。而敦煌的古远世俗生活、丝绸商旅、舞乐文明，都将因为这些无名的大师们所留下来的壁画，在历史舞台上重现。

链　接

敦煌千手千眼观音壁画在莫高窟元代3窟北壁，中间画千手千眼观音，西侧画吉祥天，东侧画婆薮仙，属于密宗题材。千手千眼表明观音观照、护持和救度众生，法力广大。壁画作者综合了北魏、隋唐以来的线描技巧，以遒劲的铁线描勾勒出颜面、手、臂和足踝，又以生动的兰叶描、折芦描等描法，画出繁复的衣褶和飘带，造型准确，色彩淡雅，质感很强，人物神态端庄。作者以极大的功力一丝不苟地画出千手千眼，用笔纯熟。壁画代表着元代线描艺术的卓越成就。

二、敦煌精魂

因为有那些无名工匠和画匠的存在，才创造了伟大的敦煌莫高窟艺术长廊。正是由于丝绸之路的繁荣才造就了敦煌重镇灿烂的文化艺术。然而，再璀璨的文明和艺术也经不起历史风沙的侵蚀和战乱的毁灭。抹去数千年的风沙，敦煌从岌岌可危的残壁危崖，逐渐焕发出生命的光彩，这全是因为敦煌拥有着一批又一批的守护着，从常书鸿到王旭东，从大漠隐士到敦煌女儿，一代又一代的守护者把热血洒在了这片土地上。

（一）敦煌守护神——常书鸿

1936年的中国正处于水深火热之中。此时有一位在法国的中国画家，他的日子过得很是优雅，在法国当地也取得了较好的名声。但是，就在这战火纷飞、很多人都纷纷出国避难的时候，他却放弃了法国优雅舒适的环境和较高的声誉，不顾个人安危，毅然回国。他就是常书鸿。常书鸿毕业于法国里昂艺术学校，他的作品曾多次入选巴黎沙龙展，在此树立了与法国艺术家相当的地位。很多人都认为，他已经属于法国。

这次回国的原因，缘于1935年秋天常书鸿在巴黎塞纳河畔与敦煌艺术的相遇。就在常书鸿回国前一个秋季的午后，他像往常一样步行于塞纳河畔时，在一个旧书摊前停了下来，被一部名叫《敦煌图录》的画册所吸引。他翻开这部书，看到了书上的400幅敦煌石窟和塑像的照片，十分惊奇和震撼。他竟然不知道祖国还有这样一座艺术宝库，竟然在外国的书摊上发现了有关它的著作。这深深触动了他，那些精美的石窟和壁画的影像在他的脑海里久久不能散去，敦煌莫高窟这个地方成了他日益向往的地方，日日夜夜在召唤着他。他说自己来法国学习艺术，追求艺术的根，没想到，艺术的根就在自己的祖国。于是，他毅然放弃了国外优越的生活，接受了北平艺术专科学校的邀请，回国任教。但是在他回国后不到十个月，就发生了震惊中外的卢沟桥事变，北平陷落了。为了逃难，常书鸿随着北平国立艺术专科学校，先后迁至杭州、江西牯岭、贵阳、昆明等地，最后到达重庆。1941年，张大千到达敦煌，开始对四百多个洞窟，上千幅的壁画进行临摹。当他的好友于右任来敦煌视察时，他告诉于右任敦煌的雕塑和壁画的珍贵，如果无人管理保护将会颓败以至于废弃。他建议对敦煌珍宝进行保护。于是于右任当即决定建议国民政府设立机构对敦煌的文物实施保护。1943年1月，教育部公布成立敦煌研究所筹备委员会。派遣龚详礼、李赞廷、陈延儒、刘荣增、辛普德、常书鸿等六位研究人员至敦煌。

1943年3月，从安西开始，在驼背上待了三天三夜后，常书鸿第一次到达敦煌。“从安西到敦煌的一段行程，连破旧的公路也没有了，我们雇了十头骆驼，开始了敦煌行的最后旅程。一眼望去，只见一堆堆的沙丘和零零落落的骆驼刺、芨芨草。塞外的黄昏，残阳夕照，昏黄的光线被灰暗的戈壁滩吞没，格外阴冷暗淡。”常书鸿在日记里这样写道。他们一行人受到国民政府教育部的委派，从重庆和兰州等地来到敦煌，筹备敦煌艺术研究所，常书鸿当时担任的是敦煌研究所筹备委员会的副主任委员。常书鸿一行人完全被眼前的景象震撼了。当太阳从嶙峋的三危山上升起，整个莫高窟镀上了一层金光。一尊尊或卧或立的佛像，一幅幅精美绝伦的壁画，无不在向到来者展示着曾经的灿烂与辉煌。但是，经过历史风雨的侵蚀，这些璀璨珍宝也显示出了它的破败和颓废。这个圣地，在1920年的时候，曾经被充当监狱，关押了几百名白俄官兵。愤怒的白俄官兵将第427窟的壁画变得面目全非。壁画上的金箔被刮走，只在墙

莫高窟第257窟　九色鹿本生故事画　（北魏　常书鸿临摹）

上留下了斯拉夫语的下流话。第 156 号窟，甚至有烟熏火燎的痕迹。因为西方探险者的劫掠，此时的藏经洞，也已经空无所有，而后来的人再也难以想象，这里曾经是藏有五万卷经卷的文化宝库。常书鸿记载了他看到被毁坏的洞窟时的感受："这空荡荡，寂静幽暗的洞室，像是默默地回顾着它的盛衰荣辱，又像无缘地怨恨着它至今遭受的悲惨命运。"1944 年，国立敦煌艺术研究所正式成立。敦煌在几百年后，才又一次蒙受了国家和政府的庇护，也又一次迎来了它的新生。就这样，常书鸿一行人在敦煌待了下来。这里的工作异常艰苦，敦煌艺术研究所的工作人员顶着风沙烈日，在洞窟外围修建挡风墙，将被流沙掩埋的洞窟重新挖掘。为了让更多的人参与到敦煌艺术的保护修复工作中来，常书鸿不停地向各个地方写信，劝说自己的友人、学生来敦煌。慢慢地，敦煌艺术研究所由最开始的十个人增加到几十个人，越来越多的人参与到敦煌艺术的保护和研究中来。

但是，由于时局的动荡，西北戈壁滩条件的艰苦，敦煌艺术研究所面临着很多困难，不仅仅有严酷的自然环境考验，还有资金、技术、原料的缺乏。常书鸿肩负着巨大的压力，渐渐地他脾气有些暴躁，遇到小事就和妻子争吵。后来，他的妻子不辞而别，常书鸿连夜追到安西，在旅店和车站寻找了半夜，最后终于得到了一点妻子的消息。于是他继续向玉门方向追去，最后筋疲力尽地昏倒在荒漠中。幸运的是，他被赶牛车的人救起，经过急救和三天的护理，才慢慢恢复过来。

1945 年，抗日战争取得了胜利，消息传到了敦煌，敦煌研究所的人在欢庆胜利的同时，思乡之情油然而生，大家都想回到阔别八年的家乡去看一看。研究所的人基本都回了自己的家乡。莫高窟再一次陷入了寂静。不幸的是，没过多久，国民政府教育部传来消息，说抗战胜利，百废待兴，为了节省一切不必要的经费，裁撤多余的机构，敦煌艺术研究所就在裁撤之内。听到这个消息后，常书鸿的心情说不出的沉重。但是望着莫高窟中经过千年的风雨色彩依旧的壁画，常书鸿觉得，自己已经离不开它们了。于是，在 1945 年的冬天，他离开敦煌，带着自己的一双儿女，来到重庆奔走呼吁。经过一年多的不懈努力，常书鸿终于说服了当时国民政府中央研究院的院长傅斯年。傅斯年批准恢复敦煌艺术研究所，并给敦煌艺术研究所拨发了一辆卡车和其他的一些物资。就这样，常书鸿带着他新招收的中央大学艺术系和四川国立艺术专科学校的许多学生，又重新回到了敦煌。第二年，又有很多学者闻名而来，其中包括常书鸿的第二任妻子——重庆国立艺专的学生李承仙。在此后的许多年，她与常书鸿相濡以沫，互相扶持，为敦煌艺术奉献了自己的一生。

常书鸿在敦煌莫高窟，默默地耕耘了近半个世纪，他组织修复了大量的壁画，搜集整理那些流散至各地的文物，撰写了一批具有很高学术价值的论文，并临摹了大量的壁画精品。他的著作《九十春秋——敦煌五十年》详细地记录了他守护敦煌的许多经历。他深情地说："自我 1942 年接受筹建敦煌艺术研究所的任务，1943 年 3 月踏上敦煌的土地，至今已整整五十年了。在我生命的长河中，一大半献给了敦煌，献给了我所热爱和向往的敦煌事业。无论是在戈壁敦煌，还是在异国他乡，或在其他地方，使我魂牵梦绕的就是你——敦煌。"他被誉为"敦煌守护神",是"世界文化遗产"敦煌石窟艺术保护与研究的先驱，是中国第一代敦煌学家。

（二）大漠隐士——段文杰

1945 年 8 月的一个晚上，重庆城里，万人空巷，无论是小孩还是老人，无论是政府官员还是平民百姓，都在欢腾笑闹，庆祝着抗日战争的胜利。这欢声笑语、人声鼎沸，宣泄了多少中国人的心酸和屈辱。然而在举国欢庆之中，有一个人却在默默地计划着未来的道路，他就是年轻的段文杰。他是四川蓬溪县常乐镇人，1945 年 8 月，从重庆国立艺专毕业。一年以前，当著名国画大师张大千将自己在敦煌临摹的壁画带到四川举办画展时，段文杰第一次见到了敦煌的壁画。他几乎是立刻就爱上了敦煌壁画。他后来回忆道："看到张大千先生临摹的作品后，我着了魔，所以我到了敦煌。"抗日战争胜利后，段文杰的许多同学有的去了南方，寻找更好的机遇，有的回了家乡。再三思索后，段文杰告别了自己的新婚妻子，独自坐上火车，奔向西北边陲，他要去向往已久的敦煌，去和艺术、和神灵对话。他舟车劳顿，辗转了一个月，才到达兰州。但是到达兰州之后却听到了一个令他惊讶的消息：敦煌艺术研究所即将撤销！在这里，他见到了当时的敦煌艺术研究所所长常书鸿先生。常书鸿对段文杰说："为了研究所的生存，我必须去趟重庆，前途福祸难测，你千万不要等我。"但是段文杰还是在兰州留了下来。就在这年冬天，他终于等来了敦煌艺术研究所恢复的消息，也等来了常书鸿。在敦煌，伸手就可以摸到群星闪烁的蓝天，举目就可以看见被风沙吹乱的群山。从此，段文杰就再也没有离开过敦煌，再也

莫高窟第 130 窟甬道南壁 都督夫人太原王氏礼佛（盛唐　段文杰临）

没有放下过他手中的画笔，成为继常书鸿等人之后的敦煌事业的第二代传承人。他被人亲切地称为“大漠隐士”。段文杰说：“对于敦煌莫高窟的壁画，随便哪一幅，他都喜欢。在洞子里，都亲近的很好。”与段文杰一起来到敦煌的画家，其中有几位是他的四川老乡。与四川盆地的雨雾和湿润相比，西北地区的太阳和干燥是他们最需要接受的困难。除此之外，饮水困难、蔬菜缺乏都让他们感受到了极大的挑战。但是与这些恶劣的环境相比，莫高窟的壁画驱散了他们种种的孤独和不适应。这一批年轻人，没日没夜地在敦煌从事着临摹的工作，把所有的心血和精力全部投入到与壁画的灵魂交流中。“一画入眼里，万事离心中”，沉浸在这些美轮美奂的壁画世界中，他们再也感受不到戈壁滩上肆意飞舞的风沙。就这样，敦煌研究所，开始了大规模的壁画临摹工作。从 1946 年冬至 1948 年春，他们总共临摹绘制了八百多幅壁画。段文杰就是其中的绘画者之一。

段文杰对敦煌艺术的贡献，可以分为两个阶段。前一个时期，他致力于临摹敦煌的壁画。后一个时期，他呕心沥血地从事敦煌学的研究。他临摹壁画有这样的原则:“客观再现原作原貌”。在壁画的临摹中,要先真实地再现原作原貌，临摹者的绘画技巧不能低于原始绘画者的水平。段文杰所临摹的《都督夫人礼佛图》就充分地体现了他的这种原则和精神。1958 年，这幅《都督夫人礼佛图》曾经和敦煌研究所的其他画家临摹的壁画一起被送到日本展出。从此之后，一批又一批的日本学者万里迢迢来到敦煌观摩莫高窟的壁画，从事敦煌学的研究。段文杰先生一生从事敦煌学的研究,从 1945 年来到敦煌直至 2011 年逝世，像许多敦煌学者一样，他将自己的大半生都贡献给了敦煌莫高窟。他临摹各个洞窟各个时期的壁画 340 多幅，面积达到 140 多平方米，创下了个人临摹史之最。他和同事们对莫高窟进行的编号，被认为是最科学和最完整的，至今仍在沿用。从 1982 年开始，段文杰开展了频繁的国际学术交流活动，为我国敦煌学研究开拓道路。1998 年，由季羡林担任主编、段文杰担任副主编的 240 万字的涵盖敦煌学研究所有方面的《敦煌学大辞典》由上海辞书出版社出版，向世界证明了我国敦煌学研究的真正实力。通过像段文杰一样的全国敦煌学学者几十年如一日的努力，“敦煌在中国，敦煌学在外国”的局面被改变。段文杰也骄傲地向世界宣布：“敦煌学已经回归故里，这是中国敦煌学者共同努力的成绩，但是敦煌学是国际的学问，欢迎各国学者进行研究，敦煌在中国，敦煌学在世界。”

扎根大漠六十年，为敦煌魂牵梦绕了一辈子。为了敦煌文物的保护、研究和弘扬事业，他呕心沥血、殚精竭虑，把自己的毕生热血都洒在了敦煌这片土地上。他是一位专家、一位学者、更是一位敦煌艺术的守护者。2011 年，段文杰在兰州逝世，敦煌研究院在莫高窟举行了段文杰灵骨安葬仪式，与其夫人灵骨一起，段文杰被安葬在了敦煌三危山下、宕泉河边，继续守望着他为之奋斗终生的莫高窟。

链 接

《都督夫人礼佛图》，位于敦煌莫高窟130窟，纵34厘米，横315厘米。这幅画是唐代供养人画像中规模最大的一幅，共画了十二个人像，第一身像最大，立粉堆金榜题为“都督夫人太原王氏一心供养”；第二身像较小，墨书“女十一娘供养”；第三身像更小，墨书题“女十三娘供养”。这三人是礼佛图的主人，后面九人为奴婢。王氏礼佛图的对面墙壁上，也绘有一幅与此幅同样大的男像礼佛图，全图八人，第一身立粉堆金榜题为“朝议大夫使持节军事守都督晋昌郡太守兼墨离军使赐紫金鱼袋上柱国乐庭瓌供养时”。

（三）敦煌的女儿——樊锦诗

大漠深处，风沙雕刻着莫高窟的容颜。她的青春已在这里焕发了上千年，而守护敦煌的女儿，却已成为头发花白的老人。

她说：“我们的责任就是看家护院，弘扬敦煌文化，能把这份属于全人类的遗产，完好地留给后人。”人们称段文杰为“大漠的隐士”，而称一位来自江南的娇小的女性为“敦煌的女儿”。她被称为“敦煌的女儿”，不仅仅是因为她在敦煌工作的时间长，更是因为她对敦煌投入的感情。每一天清晨，当朝阳亘古不变地从三危山上升起，照进莫高窟时，樊锦诗就推开了寺院的大门，出现在洞窟。敦煌研究院的人说，在洞窟几乎每天都能看到樊锦诗的身影，她对每一个洞窟的每一幅壁画和每一尊塑像，都非常熟悉和了解。

1963年，刚刚从北京大学历史系毕业的樊锦诗面对北京与上海的工作机会，毅然选择了敦煌，从此就再也没有离开过。25 岁的她，刚刚到敦煌时，面对着与北京上海完全不同的生活环境和居住环境，苦不堪言。她从小就身体羸弱，住惯了城市的房子，一时面对没有电灯和自来水的土坯房，她有些不适应。1962 年，樊锦诗曾跟着宿白先生到敦煌实习过，但是因为严重的水土不服，她几个月以后就离开了。1963 年，莫高窟需要大规模的加固和维修，非常需要考古方面的人才。于是敦煌研究所去北大招人，而且指明要去年实习过的学生，于是，樊锦诗又一次回到了敦煌。但是那时候，她并有打算留在敦煌。在去敦煌之前，她和自己的恋人彭金章约定，三年后就回武汉和他团聚。然而，说好三年就回去的樊锦诗却没有离开敦煌。对于莫高窟来说，考古学是个新课题，需要她运用自己的专业知识，发挥自己的专业技能的地方很多。环境虽然艰苦，但是她很快就以饱满的热情投入到了工作中。在短短几年之内，樊锦诗和同事们对莫高窟早期北凉、北魏中晚期、至西魏前期、西魏后期和北周四个不同的石窟艺术发展阶段，进行了明确划分。解开了多年来早期石窟分期的疑团，这一批学术成果至今仍然深深影响着敦煌石窟考古的研究领域。在武汉久等妻子不回的彭金章，决定去敦煌看个究竟。就是这次的敦煌之行，让彭金章领略到了莫高窟石窟璀璨的艺术魅力。见到一年多没见的恋人，他发现恋人变了，变土了，变成了敦煌人，一点都不像在北京读书时的样子。同时，他也感受到了樊锦诗对敦煌的眷恋之情。彭金章忧心忡忡，因为这就意味着两人必须分居两地，两人因此还展开了敦煌与武汉两个城市选择的拉锯战。无论是恶劣的气候，还是艰苦的生活，或者是情感的牵绊，最终都没能使樊锦诗放弃敦煌。1967 年，樊锦诗与彭金章在武汉结婚。第二年，他们的第一个孩子在敦煌出生了。樊锦诗继续在敦煌的风沙里待了下来，一待就是 23 年。二十多年的风雨，二十多年的坎坷，使当年娇小俊俏的江南女子，变成了面带风霜的地地道道的敦煌女儿。1986 年，在两地分居 23 年以后，彭金章辞去了武汉的工作，来到敦煌与樊锦诗相聚。已经是武汉大学历史系副主任的彭金章在和同事们道别的时候说："还是敦煌胜利了，老彭投降了。"彭金章到敦煌以后，一头扎进了莫高窟北区洞窟的考古研究中。经过他的认真清理，几个世纪以来一直被当作废洞的数百个低矮简陋的洞窟，才完整地展露在世人面前。原来，这些洞窟是当年莫高窟附近的僧人们修行的禅窟以及死后埋葬他们的地方，同时也是僧人和画工们生活的区域。他的这一发现，受到国内外学者的高度关注。

四十多年来，樊锦诗扎根敦煌，潜心于石窟考古研究工作。1977 年任敦煌文物研究所副所长，1984 年任敦煌研究院副院长，1988 年任敦煌研究院院长，同年任兰州大学兼职教授，带领科研人员，在石窟遗址的科学保护、科学管理上走出了一条切实可行的路，初步形成了一些石窟科学保护的理论与方法。就像敦煌研究院文物保护研究所所长苏伯民所说的那样："她从来不知道疲倦，她已经把全部的身心跟敦煌的工作和敦煌的事业融为一体，她的生命就是敦煌的事业。"樊锦诗把她的一生都献给了敦煌，她是当之无愧的敦煌女儿。

链 接

樊锦诗的学术著作，包括《敦煌石窟》《敦煌石窟全集 · 佛传故事画卷》《中国壁画全集 · 敦煌 · 3 · 北周卷》《安西榆林窟》等 10 多部敦煌石窟考古美术专著；发表了《莫高窟北朝洞窟分期》《莫高窟隋代洞窟分期》《莫高窟唐代前期洞窟分期》《莫高窟唐代后期洞窟分期》《敦煌莫高窟第 290 窟的佛传故事画》《从莫高窟历史遗迹探讨莫高窟崖体的稳定性》《玄奘译经和敦煌壁画》《P.3317 号敦煌文书及其与莫高窟第 61 窟佛传故事画关系之研究》等 20 多篇有关石窟考古与艺术的论文。

三、敦煌痴人

敦煌石窟的保护工作能有今天的成就，敦煌学的研究能有今天的成果，是无数个扎根敦煌的敦煌儿女共同奉献的结果。除了学者和画家以外，他们有的是修复洞窟的手艺人，有的只是敦煌看守杂物的工人。但是他们也和所有的学者和画家一样，将三尺微躯埋在了这片大地上，他们是守望敦煌的一批痴人。

（一）敦煌奇人——窦占彪

“石窟保护部的老工人窦占彪是个奇人。脸狭长而脑门特大。下巴向前抄出。个子瘦小佝偻,走路有点瘸。恰像是吕凤子先生画的罗汉。读书无多,木讷寡言。但技艺高超，而且绝顶聪明。十多年来，在石窟保护和加固工程中出过许多好点子,也解决了不少专家们束手无策的难题。说到他,全所上下,没有人不敬佩。”这是高尔泰对窦占彪的描述，也是大多数人见到他的感受。

1945 年的冬天，当接到国民政府取消敦煌艺术研究所的消息，常书鸿准备暂时离开敦煌去重庆奔走呼吁的前夕，他反复叮嘱仅留下的老工友范华和窦占彪两人：“我们一家是暂时去兰州、重庆办事，隔不了多久就会回来。”那时候，常书鸿信任的老师傅就是窦占彪和范华两个人。在遍地都是知识分子的敦煌研究所，窦占彪只是一个大字不识的工人。他默默地在敦煌莫高窟工作了几十年，但是却很少有人注意到他的功绩。在张大千、常书鸿、段文杰、常沙娜等人的关于敦煌的回忆录里，总是离不开这个无声工作的老工人。和那批敦煌守护神、沙漠隐士一样，他也把自己的一生都奉献给了莫高窟。他付出的劳动和心血，镶嵌在莫高窟的里里外外、积淀于敦煌研究院的一砖一石之中。

1941 年，张大千来到莫高窟从事考察和临摹壁画的工作，县上派了两位警员来给张大千做警卫，这其中就有窦占彪。窦占彪是敦煌县东郊窦家墩人，因为家里穷,从小没有念过书。后来为了谋生,就在敦煌县里当了一个小警卫员。恰逢张大千来此地考察，他就被派给了张大千。虽说是作警务员，但是实际上是在给张大千等一些画家们打杂，他什么杂物活都干，搭架子、安梯子、抬画板，话不多，人也机灵勤快，深受张大千等人的赞赏。1943年，常书鸿来到莫高窟筹建敦煌艺术研究所，张大千同时也结束了在这里的工作，临别之前他把窦占彪介绍给了常书鸿，从此窦师傅与莫高窟结下了不解之缘，终其一生都在莫高窟从事石窟保护的工作。

在莫高窟48年的工作中，窦占彪亲历和参与了敦煌所有的大事件。1944年7月初，国立敦煌艺术研究所为建职工宿舍，准备拆除中寺后院中的土地庙，先将庙内土地、山神、牛王、马王、药王等五尊残塑像搬出，放置在土地庙外西墙根下。8月30日上午11时许，时任敦煌艺术研究所警长的窦占彪打破了其中三尊残塑，发现残塑体内中心支柱上缠裹着一些经卷，他当即将这些经卷持送到所长常书鸿的办公室。经研究发现，这是北朝时的写经。1952年，在对甘肃永靖炳灵寺石窟、甘肃天水麦积山石窟的勘察中，他带领工人，制造了40尺高的天梯，登上了峭壁悬崖。他又和麦积山的木工文德全，实践出“移桩法”，开辟了

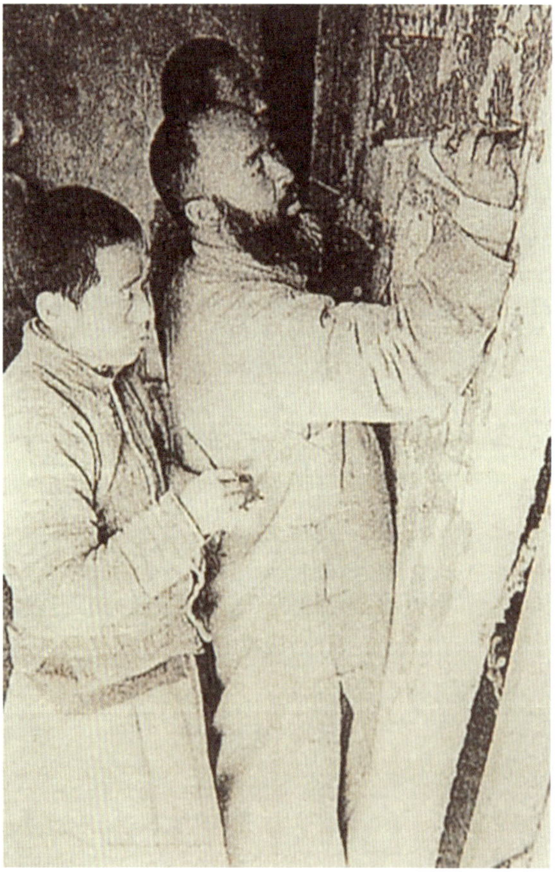

窦占彪陪同（左一）张大千在洞窟中临摹壁画（1942年）

飞渡绝壁的通道。1965 年由他带领几个普工独立搭成 130 窟从底到顶的脚手架，在搭架过程中在南壁一缝隙中发现一卷唐代丝绸彩幡。他几十年如一日地在莫高窟从事着维护修补的工作，这儿修修，那儿补补，从来没有一刻消停过。他在看似不起眼的工作岗位，为莫高窟贡献着他的光和热。与常书鸿、段文杰、樊锦诗等人相比，他看起来是那么微不足道，但是，也正是由于许许多多像他这样微不足道、没有在世人面前留下太多印象的人，才使今天的莫高窟仍旧屹立在敦煌，散发着它光辉灿烂的文化之光。

链　接

麦积山石窟，是中国四大石窟之一。坐落在天水东南 25 公里的一座浑圆如麦垛的红色独峰中，属全国重点文物保护单位。后秦时开窟造像，创建佛寺。西魏文帝时，再修崖阁，重兴寺宇；魏文帝皇后乙弗氏，凿麦积崖为龛而葬；北周保定、太和年间，秦州大都督李允信为亡父造七佛阁。隋文帝统一全国后，再修岩窟，亲自降诏，在麦积山建宝塔“敕葬神尼舍利”，并敕赐麦积山寺院为“净念寺”。

（二）敦煌英才——李仁章

1964 年，一位鲁迅美术学院的青年教师，带着一批学生来到莫高窟临摹壁画。初到这里的时候，他惊叹敦煌壁画艺术的精美绝伦，沉浸在这片艺术世界中，终日如痴如醉。谁料有一天，当他爬上高高的脚手架，像往常一样临摹壁画时，却不幸跌下脚手架，死时年仅 32 岁。

他就是李仁章。1931 年，李仁章出生于山东文登。1947 年，只有 16 岁的他参加了中国人民解放军。1950 年 10 月，抗美援朝战争开始，他参加了入朝第一至第五次战役。1955 年从部队转业考入鲁迅美术学院雕塑系，李仁章在部队文工团工作时，就十分喜欢画画，经常一得空就拿起画笔如痴如醉地进行创作。1959 年，在鲁迅美术学院雕塑系毕业后分配到青海艺术学校任教，任美术系副主任兼人事科长。1960 年为北京大会堂青海厅创作了一系列雕塑作品 :《套马》《铸铜》《群鹿》，还有以文成公主赴西藏路经青海时的一段故事为背景创作的圆形玉雕。同时，在庆祝中华人民共和国成立 10 周年首都十大建筑雕塑工作中，他还是全国农业展览馆门前两组群像的初稿的两位设计者之一。他所设计的这两组群像在 1987 年全国首届城市雕塑评奖中被评为最佳奖。作为一个美术工作者，他对莫高窟的壁画和彩塑向往已久，1964 年，李仁章终于应邀到敦煌莫高窟为敦煌文物研究所复制南北朝彩塑菩萨。一到达敦煌，他马上投入到工作中，他对这些壁画和彩塑非常着迷，他感觉每一幅壁画都在向他诉说着历史的沉淀和美的感受。10 月 16 日中午，他爬上脚手架，临摹一幅壁画。当他看到面前这幅精美绝伦的壁画时，激动地拿起画笔，视线随着画面移动，画笔在画板上移动，身子也不知不觉地向旁边挪动着，沉浸在艺术之美中的李仁章完全没有察觉到身旁的危险，一脚踏空，从脚手架上摔了下来。学生们和研究人员惊慌失措，急忙把他送进医院。然而，脚手架实在是太高了，虽然经过医生的全力抢救，但是这个年轻的、为敦煌着迷的艺术家，还是不幸逝世了。所有的人都说，他的早逝是中国雕塑界的一大损失。研究所的人非常悲痛，为了纪念李仁章，他们将李仁章复制的作品永久置于原洞窟内，而他的遗体，也葬于千佛洞崖对面的三危山下，与敦煌莫高窟遥遥相对。

链 接

赵友贤、李复、潘玉闪、许安、吴小弟……在三危山下的沙坡上，这里还有很多像李仁章这样平凡而普通的名字。他们来自山南海北各个地方，为了共同的目标相聚在敦煌莫高窟。他们每一个人都曾为敦煌莫高窟事业的发展添砖加瓦，因为敦煌，他们才在这里相聚相守。也许很多人都不曾知道他们的名字，但是他们的精魂依然留在敦煌，留在三危山下，依然做着莫高窟最忠实的守望者和护卫者。

在千百年的历史洪流中，敦煌壁画，迎接了大漠戈壁的无数次风吹沙侵、烈日寒风以及人为的破坏，使这座已经饱经沧桑的洞窟留下了不同程度地破坏和各种病害。她曾经是那样一个满腹才华、身披彩裳的美少女。而如今，她老了，虽历经风霜魅力依然，但也更需要人们的小心呵护。没有人知道，她的生命还有多久，也许是另一个几千年，也许是短短的一百年或数十年。这些敦煌石窟艺术的保护者，选择将自己的一生奉献在这里的原因，是为了他们心中的理想，几十年的时间过去，改变的是他们的容颜，不变的是他们手中的画笔和永久的坚持。也许，他们并不像那些石窟的开凿者和修行者以及朝拜的香客，但是他们依旧选择了远离繁华，选择了苦行僧般的生活。这种对文化艺术宗教般的虔诚，以及他们所获得的心灵的安宁和平静，都是相同的。在莫高窟这片土地上，还有正长眠于此的敦煌守护者，他们像爱一位历经磨难却风华依旧的母亲那样热爱敦煌，一直到停止呼吸。他们早已将自己的心和血肉与敦煌融为一体。墓碑上的名字，是多么鲜活啊，他们是：敦煌守护神常书鸿，曾任敦煌研究院院长的段文杰和龙时英，1964 年来敦煌帮助工作的李仁章以及窦占彪、许安、赵友贤等等。这里的每一个名字，都和敦煌的事业相依相连。生前，他们与莫高窟终日相守，死后灵魂也要和莫高窟永远相伴。

第七章　笔头千字

——敦煌碎语

单元案头

曾经几度春秋风与火，东来西往的驼队穿过浩瀚如海的大漠；曾经几载沧桑云和月，边城要塞通向了海纳百川的大唐。曾经鼓角争鸣的河西走廊，盛满了历史的冷热和苍茫；曾经风沙弥漫的远方古道，飘荡着哀怨悠扬的羌笛余音。马踏飞燕嘶鸣声扬四方，狼烟突起旌旗遮天蔽日；鸣沙山前英雄泯血长笑，月牙泉边牧人挥鞭凝视；长城烽燧遗址上有长风万里的呼啸，隋唐古墓边有孤城遥望的豪情。这就是敦煌，它有着流光溢彩的故事和灿烂辉煌的历史，而莫高窟里的壁画和彩塑，就是这些故事和历史的凝结。无数的文人墨客从远方赶来，带着崇高的敬意，注视着风沙落尽后的敦煌，将他们心中千丝万缕的感动，化成笔头的千字，载于文化史册中。

一、游赏风景之记

在敦煌，除了远近闻名的敦煌莫高窟，还有数不尽的西北塞外风情。这里有夕阳余晖下的漫漫流沙，驼铃声声中的苍茫古道，有澄澈动人的沙漠之眼月牙泉，有屹立千年的玉门关和阳关，还有声轻若江南丝竹、声重若旱天雷鸣鸣沙山的沙鸣声……沿着丝绸古道，一群又一群的游人纷至沓来，这其中不乏一

阳关遗址

些文学大家，他们在沉浸于敦煌平沙落日的美景中时，也以绚丽的文笔记录下了敦煌那迷人的瞬间。

（一）刘白羽：敦煌秋日

作为我国当代著名的散文大家。新时期以来刘白羽曾多次访问新疆，他写下了很多以甘肃、新疆为题材的散文。《昆仑山的太阳》是他创作的一部长篇纪游散文集，写于 1979 年。文章分为七章："黄河之水天上来""祁连雪""敦煌秋日""阳关西去""天池""昆仑山的太阳""伊犁河谷"。其中"敦煌秋日"描绘了他在敦煌的所见所感以及他对敦煌这片土地的赞美及眷念之情。

刘白羽是在秋天抵达的敦煌，从漫无边际的戈壁滩驶向敦煌，首先映入他眼帘的是戈壁滩上那灼热的被黄沙染成金黄色的太阳，这灼热的太阳和黄褐色的沙砾是他对敦煌的第一印象。休整一天后，开始了敦煌之行，他首先游览的是鸣沙山和月牙泉。在刘白羽的眼里，鸣沙山是棱角分明的立体线条。沙山像是金字塔，被西北的风沙剪裁的整整齐齐。而被山环抱的月牙泉是优美的。泉水不断地向水面抛出泡沫，鱼儿在水底欢快地游来游去，琉璃般的水面上有鸣沙山清晰的倒影……美景使刘白羽一行人流连忘返。他们爬上沙山岭角，冥想汉武时的典故，沉浸在沙漠长空的神奇飘渺中。下午的时候，他去朝拜了敦煌莫高窟。在彩绘斑斓、雕塑明丽的洞窟之中，他感觉自己闯入了一片神话的天地。他突然感觉到自己也已经两腋生风，飞进了壁画之中，随风飞舞。而洞窟中的泥塑，也像是具有了生命和血脉，以慈祥、智慧的微笑，在向他诉说着什么。因为震撼，他在此停留了两日，反复攀缘于回廊复道之中，流连于岩窟洞天之内。在看到这些琳琅满目的壁画和彩塑时，刘白羽不禁想起了敦煌千年以前的繁华。作为丝路重镇，这座城市曾经被称为“华戎所交都会”。它拥有繁华热闹的集市，一天三次开市。它是丝路交通的扼要，源源不断地向中亚和欧洲输送东方的丝绸和文明。它是一个独立富强的“小国”，居住着一批丰衣足食的不同民族的人们。它更是一座艺术宝窟，如满天红霞照亮了整个世界。在观赏这些金碧辉煌的壁画、畅想敦煌曾经的繁华时，刘白羽没有忘记此时正在莫高窟工作的常书鸿，他去拜访了这位挚友。临别之际，常书鸿到旅店去话别刘白羽，给他赠送了敦煌壁画的摹本珍品，并亲抒：“二十八年前与刘白羽同志同游天竺时，曾约西出阳关共赏敦煌宝藏，今如愿以偿。欢喜赞叹用以敦煌第一百二十八窟摹本相赠。敬请指正。一九七八年中秋后一日。”刘白羽结束了他的敦煌之行，并留下了一篇脍炙人口的散文《敦煌秋日》。

今天，当游人踏足敦煌的时候，他们一定想去刘白羽笔下如画的鸣沙山和幽美的月牙泉，也一定会被鸣沙山和月牙泉以及敦煌莫高窟的美所震撼；也许还有人就是追寻着刘白羽的脚步来到敦煌的，当他们读到《敦煌秋日》中那些引人神往的句子时，忽而心动，决定来亲身体验这番美景。

链　接

《敦煌秋日》节选：当我徘徊于彩绘斑斓，雕塑明丽的洞窟之中，就恍如进入神话天堂。在一个洞窟中，我环顾窟壁和穹顶，画满千千万万的小飞天，你愈看愈活，一个个千姿万态、凌空飞翔。一刹那间，你自己也仿佛两腋生风，随飞天而飘舞；在另一洞窟，我为一尊泥塑所吸引，那慈祥的眼神、智慧的微笑，特别是那圆润的臂和柔美的手，你感到有生命，有血脉，手指就像在微动，我应该说我的整个心灵为这艺术的奇妙所迷醉。这一夜，梦寐中仿佛听到飞天飘舞的微声，看到雕像温柔的微笑。

（二）贾平凹：敦煌沙山记

敦煌南郊 7 公里处，有一处神沙山，这一东西长 40 公里，南北宽 20 公里，高数十米的沙山，就是著名的鸣沙山。这里山峰陡峭，势如刀刃。在风吹沙砾的时候，地面的沙土层就会发出振动，即使是在天气晴朗，风沙静止时，也有丝竹管弦之声传出。古往今来，人们将这处奇特景观誉为“塞外风光之一绝”。特别是在贾平凹的笔下，鸣沙山最大程度地散发出了它的独特魅力。

作为一个现代作者，贾平凹被认为是具有“大气度”的作家。他的文学作品特别是散文，充满着“汉唐之气”。他敢以一种风华正茂的少年之姿“横槊赋诗”：他的《关中论》《秦腔》写得情韵悠悠、笔走春秋却又至刚至勇，刀枪齐鸣地吼出满腔壮志豪情；他的《五味巷》《入川小记》《河南巷小识》等多有神来之笔，虽系苦心经营却又无痕无迹，字里行间流溢着万千风致；他的《黄土高原》《河西》等又写得朔风萧瑟、大漠扬尘，寓广漠旷远之旨以超拔从容的文思。这些风骨无不体现了汉唐人开疆拓土、仰天大笑的豪迈文学气魄。《敦煌沙山记》一文，完美地体现了贾平凹的这一写作特色。不仅从各个角度描绘出敦煌沙山的奇姿瑰貌，更体现出敦煌千年以来深沉厚重、沧桑瑰丽的文化蕴藉。

该篇散文先是对河西走廊的地理风貌做了一个总体的介绍：敦煌方圆几百里，都是沙山的世界。接着，作者又从五个方面描写沙山的本身面貌。沙山之形千变万化，一人登之一人登之的泄流，千万人登之有千万人登之的骤然减瘦；沙山之力不可估量，一夜风吹，小丘为峰，平地为丘。沙山之声雷霆万钧，有闷雷滚地，铁骑奔驰之感；沙山之神秘深不可测，月牙泉水千年不溢，万年不涸，地漏不掉，沙掩不住；沙山之精灵丰富多样，古有天马，今有铁背游鱼、七星水草。介绍完沙山的面貌之后作者又将视线转移到沙山各处的风景上面，从远近、俯仰、动静三个反面歌颂了沙山之美。沙山之远景脉络分明、走势清楚，有的呈弓形，有的呈半圆交叠之势，有的弘线套叉，有一唱三叹的情韵；沙山之近景梦幻耀眼，细沙五颜六色，阳关下注上腾，茫茫然让人失却了方向；沙山之俯景山环水绕，泉水深绿，树木浅绿，群山倒影在水中，如梦似幻；沙山之仰景漠漠上下，沙山光洁细腻，凉风豁人心神，使人神清气爽，解怀不卧。沙山动中静、静中动之景，山生烟雾，水波不兴；日光四射，泉中鱼跃；山如乐山，水如乐泉；交织出一片动静协和之景。最后，作者描写出了鸣沙山和月牙泉边的开放和繁华。这里有外国游人的狂欢：女的跑，男的追，作飞天姿势，呼叫飞奔，烟尘腾起。有旅人之得意：深一脚，浅一脚，在沙上留下脚印，体会到生命的存在和价值。有当地人之兴会：鲜衣盛装，列队而上，钟鼓雷鸣，至夕方散。有学者之豪情：壮怀激烈，风华正茂，俯首扬眉之间便吟出一首古诗，“四面风沙飞野马，一潭云影幻游龙”。纵观整篇文章，贾平凹以游踪为线索，运用了大量的感叹句和排比句，将河西走廊的地理风貌、敦煌沙山的奇特景观和旅游盛况，描写得淋漓尽致，读来酣畅而且余味不绝。

链　接

《敦煌沙山记》节选：九月九日秋高气爽，有斯斯文文长脸白面之人，或居沙颠望远观近，或卧泉边舀水煮茶，诗之语之，尽述情怀的，是一群从内地而至的文学作者啊。有一学子，却与众不同，壮怀激烈，议论哲理，说：自古流沙不容清泉，清泉避之流沙，在此渊含止水相斗相生，矛盾得以统一，一统包容运动；接着便吟出古诗一首："四面风沙飞野马，一潭云影幻游龙。"此人姓甚名谁，不可得知，但黑发浓眉，明眸皓齿，风华正茂，是一纠纠少男啊。

二、敬拜圣土之录

敦煌从来都是屹立着的，也是多维的，它自身散发的光亮来自于四方，也一如既往地照着四方，它始终照亮着无数人生中一条叫阳关的大道。它是艺术的"圣地"，精神和灵魂上的"香格里拉"。

（一）余秋雨：莫高窟

余秋雨的散文是一种独具特性的文化性散文，看惯了精巧华丽的词语堆砌而成的散文之作后，它呈现在我们眼前的是一道亮丽清新的风景线，如一股罡风劲吹。它摆脱了以自我为中心的文人小家子气，进而表现出一种慷慨豪迈的大情怀。这当然不是篇幅冗长之大，而是一种沉甸甸的历史感和沧桑感，一种浩荡却毫不矫情的雍容大气，一种包揽宇内、俯仰天地古今的内在冲动与感悟，一种涌动着激情与灵性的智慧与思考。它拥有庄子式的天马行空和汪洋恣肆，也有汉赋体的铺叙夸饰与华美凝重。落笔如行云流水，舒卷之间灵性激溅，有博雅的文化内涵，笔端饱蘸着深切的民族忧患意识，字里行间充盈着越迈千年的睿智哲思。他笔下的敦煌莫高窟，就充斥着这种历史的厚重与沧桑，灿烂辉煌中充斥着血与泪的悲苦，博大精深中掩藏着一沙一石、一笔一画的堆砌演变。

敦煌莫高窟

《莫高窟》这篇散文是余秋雨《文化苦旅》散文集中的一篇。全文共分为四个部分。第一个部分没有直接写莫高窟的所见所闻。而是以一个文学家的眼光讨论了文明的交流与融合问题，文明与野蛮的区别问题，以及敦煌产生令人瞩目的敦煌文明的主要原因。他认为越是文明程度高的大国越不容易放下身段去接纳别国的文明，人们常常因为捍卫自己的文明而发生战争。但是，在敦煌这个地方，几个著名的大国文明竟然在此交流融合，并产生出独特的敦煌文化。主要的原因是这里独特的自然环境，荒漠戈壁使文明大国的军队无法跨越，却阻挡不了商旅驼队的脚步。第二是因为佛教是这里的主要宗教，使这片土地获得了精神的安顿。这种任何文明都无法称霸并且彼此都相见而欢的地带，就是人类文明的敞亮地带，就是催生敦煌文明的沃土。希腊文明、印度文明与中国的中原文明在这里交汇，一代代的佛像也便在这里深刻而又通俗地端庄着、微笑着、快乐着、苦涩着。第二部分主要介绍了莫高窟一千多年的发展变化和繁荣。无论是哪一代统治者，都对莫高窟进行了维护和新的建造。在这种不断地建造、修补和延伸中，莫高窟逐渐变成了一个有呼吸、有代谢、有年岁、有传承的生命群。由于全民参与的建造，莫高窟逐渐摆脱了它高深的奥义，与民众逐渐亲近起来。因果报应、求福消灾、繁衍子孙的内容都可以在壁画中找到。但是敦煌产生的高僧、名士、贤人又没有让这种大众化的趋势使佛教变成求神驱鬼的庶民形态。接着，作者又用抒情的语言，简洁而明快地勾勒了遗存在莫高窟的一幅幅生动的壁画，不仅仅是宗教艺术，而且是历史的画卷，是中华民族光辉灿烂的文化遗产。它们描绘了当时的现实社会，表达了人民的喜怒哀乐，也暴露了统治阶级的残暴和骄奢淫逸，同时显示出我国古代彩塑匠师们的高度智慧和卓越的创造才能。第三部分详细地描述了各个时代的壁画和塑像的特色。最古老的“十六国”时期的壁画还有着印度的影子，留着恒河岸边的热气，充斥血腥和苦难；魏晋时期的菩萨秀骨清像、修长活泼，带有一种魏晋名士的放达之风；从隋代开始，壁画上的女子衣带开始飘舞，人物的脸上已经不复病态，变得圆润华丽，但留着游牧的生态；唐代的壁画和塑像出现了扬眉吐气的欢乐。人间天堂连在了一起，女性占据了主导地位，所有的人物都张扬着自信的风采，眉眼嘴角洋溢着压不住的笑意；安史之乱时的壁画瞬时抛却了自信昂扬、华丽的风格，而变为悲壮；越往后面，洞壁的内容越世俗化，天国道场变成了家庭宅院，教义演讲变成了说书故事会，颇有瓦舍诸宫调之风；到了明清之际，由于莫高窟的衰落，壁画里也就没有了可以被记住的东西。作者用排比的方法，充满哲理的诗化的语言来集中表达自己见到这些壁画的感受，说明伟大的莫高窟艺术是“历史的景深和民族心理的景深”的融合，它是超越宗教的宗教，是具有宗教风貌的美，又是美的宗教。第四部分是全文的总结，在这一部分里，作者回忆了这座沙漠博物馆曾经遭受过的苦难。藏经洞事件的发生、白俄士兵的破坏、美国学者的盗掠都曾经带给它永远无法愈合的伤口。很多莫高窟的文物在远处飘零，这些记录了我们历代祖先的信仰和悲欢的人类精粹，我们只能隔着博物馆长久凝视。作者以深沉的笔调，抒写了敦煌所遭受的劫难，引起我们对文化遗产保护和一个民族文化本身的思考，同时也表现了余秋雨本身对文化和历史的深刻哲思。

链 接

《莫高窟》节选：定睛一看，还有很多画工、雕塑家在周边忙碌，他们是在修改原作，还是在重新创造？看不清楚。这么多人走了，又来了一批。一批就是一代，一代代连接不断。也有了声音。佛号、磬钹、诵经声、木鱼声、旌旗飘荡声、人们的笑语声。还有，石窟外的山风声、流水声、马蹄声、驼铃声。看了一会儿，听了一会儿，我发觉自己也被裹卷进去了。身不由己、踉踉跄跄，被人潮所挟，被声浪所融，被一种千年不灭的信仰所化。自己已经碎成轻尘，甚至连轻尘也没有了……晚风起了，夹着细沙，吹得脸颊发疼。沙漠的月亮，分外清冷。山脚前有一泓清泉，在月色下波光闪烁。总算，我的思绪稍见头绪。

（二）平山郁夫：永远朝拜敦煌

平山郁夫是日本顶尖的画家，1930年出生在东京，他的一生不仅仅投身于绘画艺术，而且在世界和平与文化事业上倾注了极大的精力。作为一个画家，他曾无数次往返于丝绸之路两岸的古代遗迹，他一边探寻玄奘取经之路，一边探寻宗教与艺术的真谛。在无数次的访问中，他深深地爱上了那些数不清的中国古代文化遗产，他总想为保护这些人类文化遗产做一些力所能及的事。他对敦煌的热爱，对佛教虔诚的态度，对玄奘的崇拜，都展现在他的文章《永远朝拜敦煌》中。

在这篇文章中，他阐述了中日文化之间的源流关系、自己与敦煌艺术的结缘、与玄奘的结缘、跨越重重困难到达敦煌的所见所闻、对敦煌艺术保护的建议等等。他认为敦煌文化是日本人的精神故乡，中国文化由丝绸之路传入日本，日本的奈良就是丝绸之路的终点。1958年，中国敦煌艺术展览会在日本东京桥高岛屋开幕，展会上展出了常书鸿多年来临摹的敦煌壁画和彩塑复制品照片。平山郁夫第一次接触到了敦煌艺术，他被敦煌无与伦比的艺术珍宝所震撼、所感动。于是他发誓此生一定要去敦煌看看。作为广岛原子弹灾难的幸存者，他忍着病痛的折磨，坚持作画，先后完成了《佛教传来》《入涅槃幻想》两幅作品，他因此被公认为专业画家。1979年，平山郁夫在北京举办了个人画展，同时也想到遥远的丝绸之路去旅行，去看一看向往已久的敦煌石窟。那一年，敦煌发生了水灾，小小的县城内大批的房屋被淹，有人劝平山先生不要去了，城里连像样的住所都没有。但平山郁夫打听到莫高窟没有受水灾时，便决意要去。经过艰苦的旅途，终于在9月16日到达了敦煌。“天气晴朗，金风送爽，天空碧蓝。我看到了鸣沙山，看到了沙丘和鸣沙山山崖断面上，九层高的建筑物出现在眼前，其中有大佛塑像”这就是平山郁夫对敦煌的第一印象。看到此情此景，他立马取出了随身携带的画笔，画起了敦煌莫高窟外景的写生。第二天，

平山郁夫在莫高窟考察（2007 年）

进入洞窟，他被洞窟里的壁画和塑像迷住，感到无法言传的激动。在这里，他找到了与日本法隆寺风格相同的壁画，惊讶良久。他没有想到的是，在唐朝国都长安以西两千公里的敦煌和长安以东两千多公里的日本奈良，绽开着同样高水平的艺术之花。他说："我现在能站在这里，感到无比幸福。"他认为像敦煌石窟里这些优秀的艺术作品将打动亿万观众的心。于是在这篇文章的结尾部分，平山郁夫谈到了自己保护敦煌文化遗产的决心和努力。他前前后后访问了敦煌二十多次。并在 1987 年 4 月成立以保护敦煌遗迹为宗旨的"文物保护振兴财团"，倡议募集了 25 亿日元资金。他说："我也得拼命干呀！倾家荡产也要干！"为了能够更好地保护敦煌石窟，他提出了几点建议，像进一步加强敦煌莫高窟的调查，给敦煌研究院配置尖端设备等等。同时，他在文章中也建议日本对全世界的文物进行保护和赞助，利用文化力量对世界文化保护工作做出重大的贡献。

平山郁夫就像是一个敦煌的朝圣者，怀着无比虔诚的信念来到敦煌，打破了国家种族的种种限制，为敦煌文化的保护做出突出的贡献。他敬佩那些为敦煌艺术保护奉献毕生心血的人，他自告奋勇地加入到敦煌文化遗产的保护中来。他无数次来往于丝绸之路，从中国的陕西、甘肃、新疆到中亚的阿富汗、巴基斯坦、伊朗、伊拉克以及印度、土耳其等等。他在丝路古道上写生，思考人类的文明交流与艺术创造。他还以举办个人画展的收入为基础，向敦煌研究院捐款，用于进行敦煌石窟的保护与研究工作。敦煌研究院为此成立了“平山郁夫学术基金”。到了 90 年代中期，在这个基础上成立了“中国敦煌石窟保护研究基金会”。今天，这个基金会仍然在为保护和研究敦煌石窟不断地做贡献。

链 接

《永远朝拜敦煌》节选：“太棒了，太棒了！”我几度赞叹，非常敬佩留下这举世无双的艺术珍品的先人们，感到无比幸福。从早到晚不停观看，三天才看了五十个洞窟的壁画，这四天是我一生既兴奋又充实的四天。我站在这些壁画之前常常会感到无法言传的激动，呆若木鸡。这些超越时空，超越国境，超越所有人的价值观的壁画，足以和近代法国的鲁奥的画匹敌。这说明一千多年前，有鲁奥般艺术水准的画家早已在敦煌存在了。我敢断言：敦煌壁画，即使放在世界美术作品中，也是无与伦比的艺术精品。毫无疑问，世界性名作都集齐于敦煌。

三、漫话旅程之笔

敦煌的魅力是一种无形的精神感染，厚重而又丰富、独特而又神秘的文明和文化在这儿拥有着强大的气韵，这使每一个前来游览和观摩的人，都不得不从内心和灵魂深处涌出一种虔诚的敬仰和热爱之情，在众多文化遗迹和文明面前，诚笃沉肃，流连忘返。

（一）季羡林：在敦煌

季羡林是著名的古文字学家、历史学家、东方学家、思想家、翻译家、佛学家、作家。他对印度古代语言，特别是佛教梵文、吐火罗文、印度古代文学、

锁阳城遗址

印度佛教史及中国佛教史的研究，都有世界级学术意义上的贡献。他对敦煌吐鲁番学、敦煌学走向世界都做出了非常重大的贡献。他曾经主持编修了《敦煌学大辞典》，他随时关注着敦煌学的发展状况。他曾经用梵文为甘肃出版的《关陇文学论丛·敦煌文学专集》题写名字，也曾为《敦煌文学概论》题字。他以平易近人、信任后学的性格和宽容的学术精神、既独立又博采众长的治学方法，深刻影响了后世的治学者。他的散文《在敦煌》一文记载了他初到敦煌的所见所闻以及他的感想，是一篇语言优美的优秀游记散文。

这篇散文由两大部分构成。前半部分主要讲述了季羡林在莫高窟里所见的壁画内容，后一部分主要是他由此引发的许多感想。前半部分从讲述恶劣的戈壁环境引出敦煌。敦煌留给季羡林的第一印象和想象中差不多。没有崇山峻岭和幽篁修竹，只有几株粗壮的千岁老榆，将敦煌莫高窟装点成戈壁滩上的一颗明珠。进入到千佛洞，是琳琅满目、美不胜收、五光十色、云蒸霞蔚的壁画和塑像。在季羡林的眼里，世界上没有语言能够形容他第一次在千佛洞所见到的景象。“只能意会，不可言传”，他感到无比的兴奋、震惊、感激和敬佩。他敬佩那些艺术家们把所有的精力和原料，所有的光阴和生命，都填在了墙壁的每一个角落。他走进洞窟，就像走进了一个已经逝去的古代世界、异域世界和神话的世界。他仿佛看见了骑着白象在兜率天的释迦牟尼，他看见了他的成长、他的所见所闻、他经历的苦难以及他的涅槃成佛。那些壁画，鲜活地记载了释迦牟尼涅槃时的景象：国王、和尚、尼姑、平民，有的大哭、有的捶胸、有的手舞足蹈，宛若一幅生动的世俗画面。随着壁画，他又像是走进了西方的极乐世界。他看到了各种极乐世界的生活享受画面。到处都是雄伟的殿阁，到处都是快活的游人。他不禁赞叹艺术家们丰富的想象和惊人的技巧。在这些富丽堂皇的极乐世界的描绘中，季羡林发现了一只老鼠，他禁不住猜想，这又有着什么样的寓意。除此之外，吸引他目光的还有壁画中的许多经变，艺术家将佛经中的许多变文用绘画的形式表现了出来。有临刑刀寸断的情景、有农民赶着耕牛耕地的画面、有折柳送别的场景、有舞蹈杂技的场面等等；除了神话故事和经变故事，洞壁上还画着许多世俗画。有贵族妇女拜佛的画面，也有达官显贵出游的阵势；有五台山人民的生活图，也有和尚西行求佛的壁画；有熙熙攘攘的商队，也有半路拦截的绿林强盗。四百多个洞窟，四万多平方米的壁画，无所不包，无所不含。上至天堂、净土、佛陀、显贵，下至人间、地狱、农民、工人、小贩，还有异域、华夏、学者、术士、男女老幼等等。涵盖了文学、艺术、风俗、习惯、民族、宗教、语言、历史等领域。在这部分中，季羡林用简单优美的语言，按照类别的逻辑顺序，介绍了莫高窟中云蒸霞蔚的壁画，使人目不暇接，好似也身处其中，随着季羡林的目光一起，畅游在佛国的世界里。

第二部分季羡林主要抒写了畅游莫高窟的感想。他首先想到的是画出这批惊世骇俗壁画的艺术家们。他们是如何在戈壁上这么艰难的环境中生活和工作下去的。在阴暗的洞窟里，要付出多么大的精力才能完成一个画面和画好一个人物。他其次想到的是在西北戈壁如此严酷的环境中各族人民的生存和贸易往来。如果没有世界各地的商人来此汇聚，也就不会有敦煌文明产生的契机，如果没有各民族的团结友爱与和睦相处，也就不会有商旅不断，驼马不绝的丝绸之路，也就更不会有今天的艺术瑰宝莫高窟。他想到了洞壁中那些白天静止不动的塑像和壁画，夜里会不会翩翩起舞，摆开场地表演起来；他也想到了保护敦煌，在敦煌创业的常书鸿一行人，他们老当益壮，日夜辛勤劳动，为祖国和人民立下功勋。最后他想到的是自己，自己是继续旅行还是长留在这里。在纠结中他决定把身躯带走，把心留在敦煌。在这一部分里，季羡林以动人的笔触，将自己的所思所想娓娓道来，将他对敦煌瑰宝的热爱和眷恋都倾吐在了一番感想里。

链 接

《在敦煌》节选：在短短几天之内，我仿佛漫游了天堂、净土，漫游了阴司、地狱，漫游了古代世界，漫游了神话世界，走遍了三千大千世界，攀登神山须弥山，见到了大梵天、因陀罗，同四大天王打过交道，同牛首马面会过晤，跋涉过迢迢万里的丝绸之路，漂渡烟波浩渺的大海大洋，看过佛爷菩萨的慈悲相，听维摩诘的辩才无碍，我脑海里堆满彩色缤纷的众生相，错综重叠，突兀峥嵘，我一时也理不出一个头绪来……我从前看到过唐代大画家阎立本的帝王图，李思训的金碧山水，宋朝朱襄阳朱点山水，明朝陈老莲的人物画，大涤子的山水画，曾经大大地惊诧于这些作品技巧之完美，意境之深邃，但在敦煌壁画上，这些都似乎是司空见惯，到处可见。

（二）三毛：夜半逾城——敦煌记

在中国学界，人们将三毛看成一个富有传奇性的女作家，她将生命中所经历过的美好的、传奇的、惊喜的事物，都汇聚在她的笔下，定格在她的作品中。她的作品风格非常具有独特性，凝结着她永久的记忆，承载着千山万水的厚重，呈现在读者的面前。她平生最爱三件事情，读书、写作和旅行，她在旅行中积累了很多取之不尽用之不竭的素材。她热爱沙漠，有散文集《撒哈拉的故事》。在她的旅行中，敦煌也曾经是她游行过程中的一个驿站。这个灿烂的艺术珍宝，在独特的女性作家的眼里，又是一种怎样的风貌呢？三毛与敦煌的故事，都记载在了她的游记散文《夜半逾城——敦煌记》里。

三毛的写作风格和其他的散文作家有些不一样，在她的眼里，文学就等于“游”，所以她经常带着涂鸦式的随心所欲去写作。她的《撒哈拉的故事》，看似潇洒，其背后却是单调艰苦的沙漠旅行，全文行云流水，却也是夜以继日的惨淡经营，她的那些跃然纸上的生动故事，也只是用心的抒写。所以，与其说《夜半逾城——敦煌记》是一篇游记散文，还不如说是一篇“私小说”。作者在这里塑造了几个简单朦胧但令人深刻的人物形象。有一直陪伴三毛左右贴心朴实的海涛；有萍水相逢充满着艺术家气质和忠实佛教信徒气质的敦煌研究院的伟文；有亲切的西北姑娘小马和无名的热情男工作人员；当然也有那些步履蹒跚的老年信众和长眠在敦煌的老先生们。但是，在这篇“私小说”中，作者重点描摹的两个人物形象是伟文和三毛自己。在游记一类的文章中，三毛一般对于单纯的风景不太关注，她关注的是这个地方的人文底蕴和风土人情，将情感融入大自然中的风景才是她所谓的“生命景观”，就像她自己所说的那样：“我不爱景，我爱人”。所以在这篇游记中她塑造了伟文这样一个角色。初见伟文的时候，她在心里对自己说：“宝玉，原来你在这儿”并且想起了林妹妹送别的场景。她在车上与这个青年交谈的时候，说他是一座涅槃像。三毛从台湾千里迢迢来到敦煌这个佛教圣地，最初肯定就对此圣地有着一番自己的想象。她或许是带着满腔的期待和被救赎的心情来到敦煌。心思敏感细腻而又富有想象力的她遇见了敦煌研究院的伟文，于是塑造了一个这样的人物形象。第二个重要的人物是作家本人。三毛的很多作品里都有着强烈的自传性色彩。有的地方看起来充满着传奇色彩，却也是她的真实经历，在她的写作中，她不会特别强调某一个人的传奇人生，只是讲述真实发生的故事。她围绕自己，用真人真事真情描绘出一幅幅有血有肉的生动画卷。这篇文章的主人公三毛，从台湾一路风尘仆仆飞向西北的敦煌，她在沙漠中结识新朋友伟文，在傍晚抵达了敦煌市，一个人在凛冽的寒风中逛街市，欣赏西北的夜晚。在面对敦煌莫高窟的前夜，她紧张地睡不着。她把踏进洞窟的那一刻看成生命中无比重要的一刻。她避开了拥挤的人群，独自拿着手电棒观看那些千年以前的壁画。她终于看见了那些色彩斑斓的壁画，怀着朝圣地心情去欣赏那管弦丝竹和歌舞翩跹。她感觉自己的灵魂流浪在那绵延无尽的石壁上，即使门隔断了外面的阳光依然能够看清洞壁的菩萨画像。她终于来到了巨大的弥勒菩萨面前，扑在那里痛苦。哭尽心里积攒的尘世的心酸与苦痛。当心里的尘埃被洗得干干净净的时候，她听到菩萨在对她说："来了就好，现在去吧"。于是她感觉自己再生了一个灵魂，可以继续在人间旅行和写作去了。

在这篇游记里，三毛虽然没有直接描写敦煌莫高窟带给她的震撼，但是我们从字里行间仍然能够感受到她对敦煌的崇敬以及她在此所受到的心灵洗礼。她对敦煌的人物风情的喜爱也完全地表现在这篇散文里。

链 接

《夜半逾城——敦煌记》节选：我仰望菩萨的面容，用不着手电筒了，菩萨脸上大放光明灿烂，眼神无比慈爱，我感应到菩萨将左手移到我的头上轻轻抚过。菩萨微笑，问："你哭什么？"我说："苦海无边。"菩萨又说："你悟了吗？"我不能回答，一时间热泪狂涌出来。

我在弥勒菩萨脚下哀哀痛哭不肯起身。又听见说："不肯走，就来吧。"我说："好。"这时候，心里的尘埃被洗得干干净净，我跪在光光亮亮的洞里，再没了激动地情绪。多久的时间过去了，我不知道。

十步穿越百年，百步穿越千年。历经千百年的沧桑风云，敦煌依旧在春风中辗转，她挟裹着汉唐的文明，环佩流苏衣衣带水，霓裳丹蔻香风四动，在灯火阑珊处提裾而来，让无数后代子孙为她痴迷癫狂。那些在敦煌的夜风中呢喃而出的碎语，道出了他们对敦煌无限热爱和眷恋。那些在纸山流泄而出的华章，是他们献给敦煌绵绵的绝唱。西去敦煌的道路依旧热闹绵延，那些献给敦煌的笔头碎语，也依然不绝如缕，在日日翻刻着新的锦绣佳篇。

第八章　亲临朝圣

——敦煌旅游

单元案头

她是茫茫沙漠中的一颗明珠，她是古代丝绸之路上的一个重镇，她拥有四项世界文化遗产和一项世界自然遗产，她被评为人一生中必须要去的60个旅游目的地之一，关于她的一切作为一门学科的历史也已超过一个世纪，她是敦煌。当风沙吹开她掩藏多年的神秘面纱，这个曾经在丝绸之路上繁华活跃的城市，经过几百年的荒废后，再一次演绎着她的热闹繁荣。今天，去拜访敦煌的游客络绎不绝。人们从四面八方汇集而来，他们来自不同的国家、不同民族和不同的宗教，只想来这里瞻仰敦煌的风采，随着经济文化的不断发展，新世纪的文化经济交流再一次在这个古城上演。

敦煌，是令人向往的中国优秀旅游城市。近年来，先后荣获“中国感动世界品牌城市”“国家旅游名片城市”“中国十佳宜游城市”“最具人气旅游目的地”“中国最具国际影响力旅游目的地”“中国最佳生态旅游目的地”等称号。敦煌名胜在明清时便有了“危峰东峙、千佛灵岩、月泉晓澈、沙岭晴鸣、党水北流、绣壤春耕、两关遗迹、古城晚眺”这八景之说。现在又新增了雅丹国家地质公园、雷音寺、敦煌夜市、敦煌影视城、党河风情践、卧佛、西湖国家自然保护区、阳关国家自然保护区等新开发的旅游景区。

一、敦煌赏玩之季

敦煌作为丝绸之路重镇蜚声世界以来，据统计，中外游客年均以30%的速度递增。敦煌每年要接受大量的来自世界各地的友人。但是敦煌的旅游季节并不是一年四节皆宜，比如说在寒冬的时候，喧嚣了大半年的敦煌会沉寂下来，被一片白雪所覆盖，就像进入了冬眠。然而一到开春三月份以后，往来的游人就会逐渐增多，敦煌又被一片喧嚣声取代。

（一）淡季

每年的十一月至次年的三月，是敦煌旅游的淡季。敦煌市南北高，中间低，自西南向东北倾斜，平均海拔1139米。市境东有三危山，南有鸣沙山，西面是沙漠，与塔克拉玛干相连，北面是戈壁，与天山余脉相接。所以敦煌市属典型的暖温带干旱性气候，气候干燥，降雨量少，蒸发量大，昼夜温差大，日照

河仓城遗址

时间长。春季温暖多风，夏季酷暑炎热，秋季凉爽，冬季寒冷。全年日照时数为 3246.7 小时，年平均降水量 42.2 毫米，蒸发量 2505 毫米，年平均气温 9.9℃，最高气温 41.7℃，最低气温 -30.5℃。年平均无霜期 152 天。所以一般情况下冬季和早春的时候气温特别低，还伴有沙尘暴。而且此时节敦煌的店铺大量关闭，各种运输工具也相应减少，所以没有人愿意选择这个时候去敦煌旅游。但是，随着最近几年敦煌在旺季的时候客流量的大幅度提升，像敦煌莫高窟等景点已经不能承载这么多的游客量了。因此相关旅游部门业也鼓励游客淡季去敦煌，并且制定了相关的优惠措施来吸引淡季的游客，改变这种淡季和旺季发展不均衡的现状。因此，现今有一部分游客选择淡季去敦煌。

淡季去敦煌可以享受到以下的好处：首先，所有景点（阳关博物馆除外）门票价格减半。旅游旺季游客通过网上预约可参观 8 个洞窟，每天 6000 张预约门票售罄后，购买应急门票的游客就只能参观 4 个洞窟，而淡季游客在享受半价门票的同时，还可以多参观 4 个洞窟，也就是花 100 元参观 12 个洞窟。其他的景点门票价格相应减半。景点之内娱乐项目还可砍价，如果运气好赶上下雪，还可能会欣赏到雪后敦煌的美景。其次，是政府为敦煌淡季旅游提供了一系列的福利政策。敦煌研究院还推出了 7 条研学旅游线路供游客和旅行社选择。游客淡季在莫高窟可以免费参观内容丰富且极具价值的藏经洞陈列馆和陈列中心，还可以参与敦煌纪念品制作、经典壁画的动画制作、敦煌图案填色等互动活动。除此之外，敦煌当地还将《敦煌盛典》《又见敦煌》《丝路花雨》等演艺剧目常态化，还将举行系列艺术展览、文艺演出等文化旅游活动，淡季来敦煌的游客照样可看、可听、可玩，实现慢游敦煌。最后，相比旺季，淡季的游客量能更好地保护到敦煌的文化遗产。由于洞窟所承受的人流量使壁画还在不停地被氧化。很多精美的壁画正在游客的眼前一点点地剥落消失。如果淡季去敦煌，不仅可以错开人流的高峰期，慢下脚步，更好地欣赏敦煌地区的人物风情和厚重的历史文化底蕴，实现慢游敦煌的愿望，同时还为保护文化遗产贡献了自己的一份力量。

链 接

据悉，甘肃省政府即将出台《支持敦煌国际文化旅游名城冬春游淡季不淡的意见》，重点推出以打造敦煌文化弘扬、文化自信朝圣、中外经典演出、旅游商品展销、企业社团会奖五大品牌，补齐宣传营销、通达能力、淡季服务等短板为主要内容的 30 多项支持政策，形成淡季旅游敦煌率先突破发展之势。

（二）旺季

每年的五月至十月，是敦煌旅游的旺季，尤以七月、八月、九月为最高峰，特别是黄金周和公共假期，各个景点都人满为患。这个时间段，不仅气候适宜，而且这时也正值各种大型假期阶段，敦煌城内也将举行八庙会、滑沙节、丝绸之路节等大型活动。在这个季节出游，因为人流量大的原因，所以游客需要提前注意各种交通的状况和规划好适合自己旅行的路线。

敦煌交通贯通东西南北，飞机、火车、长途汽车都很方便。敦煌飞机场距敦煌市 13 千米，现已开通至北京、上海、大连，西安、成都、兰州、银川、西宁、乌鲁木齐、鄯善、嘉峪关等航线，其中有一部分还是包机航线，敦煌机场为了便于旅客出游，平时为游客提供包机服务。有班车、出租车来往于市区与机场之间，所以乘坐飞机至敦煌也是一个不错的选择。原位于瓜州县境内的敦煌火车站现在改名为柳园火车站。敦煌火车站（新站）于 2006 年春开始运营，游客可从兰州乘火车直接到达敦煌。K9667 次列车每天 17 ： 55 从兰州发车，次日 07 ： 46 到达敦煌，在火车上睡上一晚便可抵达敦煌。如果乘火车从西安至敦煌，沿着丝绸之路的专线沿线前行，可欣赏到由南至北，从绿地至荒漠的种种景观变换，重走当年的丝绸之路。对于长途汽车来说，215 国道和 313 国道都途经敦煌，在敦煌市内除去玉门关的路况较差外，其余景点都已铺设柏油路面，公路交通比较方便。从敦煌乘坐长途汽车可前往兰州、西安、乌鲁木齐、哈密、吐鲁番、格尔木，酒泉以及嘉峪关等地，十分地方便。到达敦煌市区以后，敦煌市内的交通也非常齐全。市内有多条公交线路，还可在鸣山路租自行车代步，由于敦煌离各个景区的距离都十分接近的缘故，所以出租车也是一个不错的选择。除此之外，游客还可以自己租一辆小车，自己驾驶去任何景点。

至于旅行的路线，既可以感受到塞外风光的无穷魅力，又可以体会敦煌当地的厚重历史文化底蕴的经典旅行路线是经典两日游。快节奏的现代人生活，由于时间或金钱的限制，很多游客分不出太多时间、精力慢游敦煌，两日的时间，足够游览完敦煌的经典景区，感受敦煌艺术的魅力。第一天，游玩市郊的莫高窟、雷音寺与鸣沙山、月牙泉。莫高窟的游玩时间大概三至四小时。但是需要注意的是莫高窟景区实行预约参观制度，所以必须通过电话或者网络预约门票，根据预约时段进行参观。雷音寺的建议时间是一到两小时。下午的时候就可以专游鸣沙山和月牙泉。在这里，你可以爬上鸣沙山，俯瞰整个月牙泉，在山顶上感受西北大漠的苍凉广阔，欣赏长河落日的壮观景象后伴月而归。第二天，是莫高窟西线一日游。从西千佛洞开始，依次游览阳光遗址、玉门关遗址、雅丹地质公园、沙州市场。西千佛洞的建议游玩时间是两小时，作为敦煌佛教艺术体系的一部分，这里画着贤劫千佛、佛趺坐说法等等，由于游人少，这里的讲解更为细致。阳关遗址可以游玩两小时，这一景观因“西出阳关无故人”这一绝句扬名天下，至今仍在黄沙中诉说昔日的辉煌。玉门关一小时，作为曾经西域商贾和中原人士往来的必经之地，玉门关依旧鲜活如昔。雅丹地质公园两到三小时，雅丹地貌群在戈壁上非常壮观奇幻，是一个绝妙的拍摄景点。沙州市场两到三小时，沙州市场是必游的美食街，不仅可以吃到当地最有特色的名小吃和瓜果，还能买到各种古玩、纺织品和手工艺品。这条经典游览路线是60%以上的游客在敦煌的选择，两天时间，八个景点，足够游客领略敦煌的独特韵味了。

链　接

在旺季游莫高窟时一定要特别注意以下两点：第一，莫高窟的门票一定要提前预约。每年暑期的莫高窟人山人海、一票难求，所以暑期的时候至少要提前一个月预约门票。可以登录莫高窟参观预约网预约购票，也可关注“莫高窟参观预约网”微信公众号预约购票。第二，特别关注莫高窟参观应急预案。当游客量超出莫高窟当日最大游客承载量时，就会启动莫高窟超大客流应急预案。应急参观预案拟定在7月份每逢单日启动，8月份每逢双日启动。9月份对旅行社百人以上大型团队均实行应急参观，不限单、双日。应急接待日每天限额发售12000张应急门票，应急门票可提前1天预购。持应急门票可参观莫高窟4个大型经典洞窟（96窟、100窟、138窟、148窟）及敦煌研究院院史陈列馆和敦煌石窟保护研究陈列中心。

二、敦煌旅行之备

敦煌的气候干燥，春季风沙大，夏季阳光强烈，紫外线强烈，秋季的昼夜温差大，冬季又十分苦寒。而且各个景区的差别很大，所以要想拥有一个完美的敦煌之游，提前的准备必不可少。

（一）衣物及日用品

首先要考虑的是衣物的准备。如果选择冬季旅游的话，当然就需要带冬季的必备衣物。但是由于敦煌冬季的严寒，所以要带上厚重的羽绒服、雪地靴、围巾、手套、耳套等种种防寒必备的衣物。如果选择六到九月的旺季出行，就需要带上夏季和秋季的衣服。因为昼夜温差比较大，所以在当地，早晚出行的时候还是需要穿上外套，以防感冒；中午天气比较热，夏季的衣物足矣。虽然说日常的夏季短衣、短裤、短裙即可，但是由于火辣的太阳和强烈的紫外线，所以最好有件防晒衣或长袖薄衫遮阳。去沙漠玩的时候，最好穿长袖衣裤，可以更好地防晒，如果穿长裤的话，一条宽松轻薄的休闲裤就好。特别注意的是骑骆驼时最好穿长裤，不然会磨腿。这个时候速干裤是一个不错的选择，穿着舒服，还容易排汗。鞋子方面的准备，夏季至少备两种鞋子，凉鞋和轻便的徒步鞋。凉鞋在逛夜市和博物馆一类的景区可以穿。徒步鞋在沙漠和远足的时候穿，但是需要注意的是不能带粗网眼的徒步鞋，因为容易进沙子，穿着很难受，一双舒适、合脚、便于行走的鞋尤为重要。在帽子方面，夏季在敦煌遮阳帽是必须具备的防晒用品，最好是准备宽沿的太阳帽，这样可以把整个脸遮住，防晒效果会更好。当然为了方便，你也可以选择小一点的鸭舌帽，但是万万不可头上不带任何东西就出门。

第二要准备的是防晒的物品。在旺季去敦煌最需要注意的是防晒。敦煌的紫外线特别强，无论是爱美还是不爱美的人都要注意防晒，因为夏季的高温会将皮肤晒伤。所以除了防晒的衣物外，游客还需要准备防晒霜、润唇膏、太阳镜这些必备物品。在风沙很大的时候，需要全天戴着墨镜和丝巾来防风沙。有的游客可能会想，可以带一把遮阳伞。一般情况下，遮阳伞往往没有帽子、墨镜和丝巾这套装备有用，因为撑着伞游玩一方面不方便，另一方面，在风沙来临的时候遮阳伞根本撑不开，所以遮阳伞在这里完全派不上用场。除了防晒霜，女生还可以备一些保湿霜和面膜，因为敦煌的气候非常干燥，一般外地来的人都会不适应，所以爱美的女生在敦煌要更注重皮肤的保湿。

玉门关

第三要准备的是水和食物。旺季天气炎热，人体每天需要大量的水分，而且，在敦煌像雅丹地貌这样的景点买水特别不方便。所以早上出门前，一定要带上充足的水。其次，由于敦煌旅游各景点路程较长、景点分散、单调、坐车时间长、有些忘返的景点来回要花大半天的时间，所以一定要准备充足的食物。如果觉得坐车太无聊，还可以提前准备一些书籍或是扑克在背包里，这样漫长的车途将会很快过去。

第四是药品的准备。敦煌之行行程较长，气候差别过大，旅游者常常难以适应，可能会出现水土不服的症状，旅游者应携带有关药物：创可贴、感冒药、肠胃药等，敦煌本地药店也非常多，一般不需多带。像藿香正气水或胶囊等祛火防暑的药物可以随身携带，以防万一。至于肠胃药，因为旅游地区的餐食与我们平日的餐食有所不同，且以牛羊肉居多，很多游客在前两天容易出现水土不服，肠胃不适的现象，所以最好带些常用的肠胃药。

最后是其他常备物品的准备，像去鸣沙山玩的时候，要带小背包，不要带挎包，因为爬沙丘时，上上下下尤其不方便。此外也要多带几个塑料袋或防水袋，沙漠里的沙粒很细小，刮进手机、相机等设备会造成很大的麻烦。去莫高窟的时候记得带把冷光小手电，洞窟比较暗，如果不带小手电照射的话，完全看不清墙上的壁画。除此以外，游客可根据自己的需要，在当地再增添一些自己所需要的物品。但是需要注意的一点是，要想带好你所有的物品，一个好得旅行包也不可忽视，不同的旅行包适合不同的旅行。探险旅游用具与一般旅游不一样，在香港街头漫步和骑在驼背上享受沙漠之旅的旅行包显然不同。所以，首先明确你的旅行目的——体育、娱乐、野外活动还是探险旅游，然后挑选适用的旅行包。旅行包的大小最好可以放在座位下、飞机或火车的行李架上。总之，要想拥有一个完美快乐的旅途，提前的准备工作尤其重要。

链 接

夏季防暑降温最常用的药品除了藿香正气液，还有十滴水、人丹、广东凉茶颗粒、清凉油、风油精等。十滴水主要用于因中暑而引起的头晕、恶心、腹痛、胃肠不适。人丹主治中暑受热引起的头昏脑涨、胸中郁闷、腹痛腹泻，也可用于晕车晕船、水土不服。“广东凉茶颗粒”，又叫“王老吉广东凉茶颗粒”，是国药准字号的药品，在药店有卖，具有清热解暑，祛湿生津，用于四时感冒，发热喉痛，湿热积滞，口干尿赤。清凉油和风油精除了能治疗蚊虫叮咬，还能涂抹在额头或太阳穴清暑解毒，可治疗暑热引起的头昏头痛。

（二）其他秘笈

人们常说：“在巴黎街头，你所触及的每一件事物都是艺术”。而敦煌也是这样一个充满着人文与艺术底蕴的圣地。就像有人形容的那样：“在敦煌，在驼背上，连风都是艺术。”敦煌的博大与精深，是任何语言都无法形容的，所以要去敦煌游玩，在超过两万人簇拥的洞窟外面，很多人很难真切地感受到敦煌的韵味。所以，除了物品的准备，心态和精神的调适也很重要。

第一，心态的调适。无论你什么时间段去敦煌，在大雪茫茫的淡季还是在熙熙攘攘的旺季；无论你是什么年纪去敦煌，在白日放歌、青春作伴的少年还是白发苍苍、垂垂老矣的老年；也无论你是和什么人一起去，是带着小孩和朋友或是独自一人。你都不要有“一次玩个遍”的游客心态。如果只是这种走马观花式的快节奏游览，那么很有可能敦煌会让你失望的。你还没有来得及仔细观赏飞天壁画的飘扬裙裾的时候，你可能就来到了鸣沙山；当你还没有细细品味月牙泉边的落日苍茫时，你有可能又去到了玉门关;当你还没来得及回味“春风不度玉门关”的悲壮时，你有可能已经在回程的路上了。所以你必须把心态调适好，无论是在淡季还是旺季，都要有一种平和宁静的心去看待这次旅行。在旺季的时候，不妨把它当作一次“预热”；在淡季的时候，不妨把它当作一次慢节奏的精神文化之旅。

第二，提前做功课。我们在机场的时候，经常会看到有金发碧眼的外国人捧着一本厚厚的《LP》，里面被标注的满满的。外国友人在旅行之前，会习惯性地做一些功课，看一些有关旅行目的地的书籍和视频。提前对目的地有所认识是一个好习惯，何况是敦煌这样充满着文化气息的地方。有很多游客抱怨去了敦煌莫高窟也看不懂壁画的内容，也完全不能感受到这些斑驳的壁画的美，也就更谈不上旅行之后有什么收获了。他们只是奔着莫高窟著名的声望去游览的。还有的游客，去了悬泉置这样的地方完全不知道它是一个什么机构，有什么参观的价值，全程都在混沌的状态中度过。更有游客，不了解敦煌当地的民风民俗，敦煌有很多少数民族，也有不少少数民族小吃，比如说穆斯林回民是不吃猪肉的，这是他们生活中最大的禁忌，绝对不可冒犯。然而由于游客的无知造成了一些不必要的误会。所以，在决定去敦煌之前，一定要花时间好好做做功课。关于敦煌，有很多好的书籍、纪录片，都很容易找到，当然也包括一些精彩的公众号内容。这些碎片化的阅读足以让你对丝绸之路、敦煌和莫高窟有一个大致的了解，你不需要做一个敦煌学专家，但对敦煌的提前预热会让你在短短的行程中更加领会到这座小城的魅力。有关敦煌的推荐书籍：冯骥才的《人类的敦煌》、日本学者井上靖的《敦煌》、敦煌研究院所出的《敦煌》、樊锦诗、刘永增的《敦煌鉴赏精选 50 窟》、赵良声的《敦煌石窟艺术简史》等等。优秀的纪录片有《河西走廊》《敦煌》《NHK 敦煌莫高窟——美之全貌》（上、中、下）等等。

链 接

《河西走廊》是中国中央电视台和中共甘肃省委宣传部联合出品的一部纪录片，正片共 10 集，以时间为线索，梳理了从汉代至今的河西走廊历史。此前从未有过以“河西走廊”为主题的纪录片。2012 年，一支充满梦想的纪录片创作团队踏上了这条古老而伟大的通道，撷取河西走廊上的绚烂瞬间，以编年体史诗的形式，跨越汉、三国、两晋、隋唐、元、明清、民国和新中国，系统梳理了河西走廊甚至整个中国西部的历史，呈现出其跨越千年的雄壮、辉煌与苍凉。其中《敦煌》一集以敦煌 220 号石窟的营建为例，讲述敦煌石窟如何见证了丝路的繁华并成为大唐盛世的缩影。

三、敦煌游览之途

悠悠驼铃，漫漫黄沙，千年的光阴呼啸而过，丝路之畔的敦煌，似乎变了，又似乎什么也没变。当我们再次走近这块昔日辉煌的土地，去朝拜佛窟、登山聆泉，去融入坊市、食肴品酒，往事前尘滚滚而来，仍在向我们诉说着古老的故事。每一处山川，每一座遗迹，都像一位古老的讲述者，等待着我们前去聆听敦煌1600年波澜壮阔的历史。

（一）必去景点

1. 莫高窟

莫高窟，又称“千佛洞”，位于敦煌市东南25公里处鸣沙山东麓的断崖之上。它是中国四大石窟之一，也是世界上现存规模最大、营建时间最长、内容最丰富、保存最完整的佛教石窟寺庙遗址之一，被誉为“沙漠中的美术馆”和“墙壁上的博物馆”，以精美的壁画和塑像闻名于世。它是一座伟大的艺术宫殿，是一部形象的百科全书。莫高窟目前位列全国重点文物保护单位，也是世界文化遗产保护项目之一，可以说是一张敦煌最著名的“名片”，为许多游客所青睐。

近年，莫高窟数字展示中心的建成，令这座古老的遗迹焕发了新的光彩。数字化技术的运用让精美的彩塑、壁画“动”了起来，人们可以更加直观地体会佛陀的宝相庄严、菩萨的温厚慈悲、力士的勇猛威武、飞天的婀娜多姿。莫高窟，正以更加现代、更加包容的姿态，向世界展示它的风采。

2. 鸣沙山、月牙泉

鸣沙山，古称“沙角山”，位于敦煌市南7公里处。它的整个山体由细腻的黄沙积聚而成，在狂风吹鼓下轰鸣如千军万马，在轻风拂拭下又呜咽如丝竹之声，因此得名。白天人们在沙山上留下的足迹，第二天竟毫无痕迹；若有人从山顶向下滑行，脚下的沙子还会呜呜作响。这里的“沙岭晴鸣”为敦煌八景之一。

月牙泉，位于鸣沙山下，处在沙丘环抱之中，因其弯曲如新月而得名，有“沙漠第一泉”之称。泉在流沙中，风吹沙不落，“月泉晓彻”也为“敦煌八景”之一。月牙泉南北长近100米，东西宽约25米，泉水东深西浅，最深处约5米，有“四奇”：月牙之形千古如旧、恶境之地清流成泉、沙山之中不淹于沙、古潭老鱼食之不老。月牙泉与鸣沙山，就像是大漠戈壁中一对双生之子，相互陪伴、共同闪耀。

3. 魔鬼城

魔鬼城，是人们对于敦煌以西 200 公里处雅丹地貌群的一种形象的称呼。“雅丹”是维吾尔语，原意指具有陡壁的小山。在地质学上，雅丹地貌专指经长期风蚀，由一系列平行的垄脊和沟槽构成的景观。

敦煌雅丹国家地质公园，修建于古代“三陇沙”的基础之上。风蚀地貌显现出各自不同的形态，当大风刮过时，还会发出呜咽的怪叫声，因而也被人们称之为“敦煌魔鬼城”。这里不见一草一木，极目所见只有黑色的砺石沙海、黄色的黏土雕像。这里又被称为“天然雕塑博物馆”，以其独特的大漠风光、形态各异的地质奇观、古老的民间传说，吸引了无数勇敢的探险者前来揭开“魔鬼城”神秘的面纱，探寻大自然的奥秘。

4. 玉门关、阳关

玉门关，因古代西域玉石输入中原时取道于此而得名，位于敦煌市西北约 90 公里的戈壁滩上。“羌笛何须怨杨柳，春风不度玉门关”，王之涣笔下连春风都吹不到的玉门关，在古代为汉代西陲两关之一，是丝绸古道西出敦煌的必经关口，也是中原进入西域的门户之地。

如今的玉门关遗迹是一座正方形小城，耸立在东西走向戈壁滩狭长地带中的砂石岗上，面积 633 平方米，西北各开一门，10 米高、黄土垒就的城墙仍保存完好。登关远眺，茫茫戈壁之上，汉长城遗迹逶迤蜿蜒，与古关雄姿交相辉映，苍凉、辽阔、壮美，不禁令人追慕当年的汉家风采。

阳关，位于敦煌市西南 70 公里外的阳关镇境内，古人谓“山南水北为阳”，阳关因坐落在玉门关之南而得名。汉代时汉武帝开辟河西，“列四郡，据两关”，“两关”即玉门关与阳关，“两关遗迹”被列为“敦煌八景”之一。唐代诗人王

月牙泉

维的一句“劝君更尽一杯酒，西出阳关无故人”可谓千古送别绝唱，使阳关声震四海，名扬天下。如今，昔日的阳关城已不见其风采，仅存一座被称为阳关耳目的汉代烽燧遗址，耸立于此供后人凭吊。

2003年，阳关博物馆落成，正式开放接待游客，这是敦煌市文化旅游界的一件大事。馆内设有两关汉塞馆、丝绸之路馆、汉阙牌楼、阳关都尉府、仿建阳关关城、仿汉兵营、仿古民居一条街等部分，另外存有王维石雕像、张骞铜像、壁画《丝路友谊图》等精美艺术品。在这里，可以回顾阳关悠久的历史，感受到传统与现代、人文与自然、内涵与外在的和谐统一。

5. 西千佛洞

西千佛洞，因位于敦煌莫高窟之西而得名，距离敦煌市区约35公里，开凿于党河河岸的悬崖峭壁上，与莫高窟仅隔一座鸣沙山，是敦煌艺术的重要组成部分。据藏于巴黎的敦煌遗书记载，西千佛洞的开凿时间应早于敦煌莫高窟，最晚也与莫高窟同一时期。

西千佛洞现存洞窟16个，大多是北魏时期开凿的。西千佛洞与莫高窟经历了类似的盛衰历程，受各种自然和人为的破坏，艺术宝库损失惨重。近年来，人民政府全面加固、修缮了洞窟，使面临崩塌的崖体和洞窟恢复了整体性和稳定性，新建的崖体回廊保证了游人的安全。今天，西千佛洞得到了有效的保护，有 10 个洞窟开放，成为人们在游览敦煌时的重要参观景点之一。

6. 沙州夜市

沙州夜市，位于敦煌市阳关东路，是敦煌地区最大的夜市。这里以其鲜明的地方特色和浓郁的民俗风情著称，被誉为敦煌“夜景图”和“风情画”。沙州夜市划分为风味小吃、工艺品、“三炮台”茶座及农副、土特产品五大经营区域。

每当夜幕降临，华灯初上的时候，来自天南海北的游客逐渐汇聚于此，使沙州夜市变得异常热闹。敦煌特产的瓜果在这里都可以买到，如李广杏、鸣山大枣、紫胭桃、香水梨、白葡萄、黄河蜜瓜等等，可以尽情品尝敦煌的“甜蜜”。除了瓜果之外，沙州夜市中还有驴肉黄面、胡羊焖饼、臊子面、浆水面、烤肉、烤馕、杏皮水等当地特色小吃，可供人们大快朵颐。吃饱喝足之后，还可以逛逛这里的工艺品市场，许多摊位的工艺品都以飞天、大漠等为主要元素，包括水晶石首饰、玉石白驼、敦煌丝毯、塑像、壁画复制品及夜光杯等等，带有明显的敦煌风情。需要注意的是，沙州夜市的主要消费者为游客，物价稍高，一定要提高防范意识，保护自己的消费权益。

链 接

敦煌是古代丝绸之路上的名城重镇，在漫长的中西文化交流的历史长河中，这里曾经是中西文化名流荟萃之地。莫高窟、鸣沙山月牙泉、雅丹魔鬼城、玉门关、阳关、汉长城……雄浑壮美的自然风貌，多姿多彩的人文景观，厚重的文化历史底蕴，每一样都吸引着我们去探访这颗璀璨的西北明珠。

（二）旅游线路

敦煌的众多主要景点，可以按其地理位置大致串联为东、西两线。其中东线距离市区较近，西线则长达 300 公里，往返需要用时 8 小时左右。建议东、西两线，各安排一天的时间进行游览。

1. 东线：莫高窟—鸣沙山、月牙泉

东线的景点距离敦煌市区较近，主要为一大文化圣地——莫高窟，与一大自然奇观——鸣沙山、月牙泉。去往景区的车程比较短，敦煌市内有供游客乘坐的去往莫高窟的绿色公交，十分便利。

莫高窟每天只接待六千名游客，因此需要提前在线预约，或于参观前一天持身份证原件在售票窗口购买应急票。在前往实体窟参观之前，可以在数字展示中心观赏主题数字电影《千年莫高》和球幕电影《梦幻佛宫》，全方位地感受莫高窟的前世今生。之后，可在导游的带领下参观 8 个实体洞窟（应急票为 4 个），还可参观敦煌研究院院史陈列馆，以及敦煌石窟文物保护研究陈列中心。需要注意的是，由于每一次拍照对留存千年的壁画文物都是一次伤害，因此莫高窟窟内不允许拍照，照相机需要存放在门外。

从莫高窟到鸣沙山没有直达的公交车，需要在市内换乘，或乘坐出租车到达。值得注意的是，由于日照、风沙等原因，在鸣沙山、月牙泉游玩需要做好防晒防沙的准备，如涂抹防晒霜，穿戴口罩、鞋套等。如果携带有单反照相机等精密仪器，也要注意进行密封处理。开始游览的时间最好选择在下午四五点左右，气温较为凉爽。另外，鸣沙山的日落景观十分迷人，大约出现在晚上九点左右，如果错过可谓是一大遗憾，应该注意提前安排时间。

除了观赏美景之外，鸣沙山、月牙泉景区内也有一些游乐项目，如骑骆驼、滑沙、沙疗、沙滩摩托等。在进行这些游乐项目时，一定要注意做好安全防范措施，听从专业人士的指导，量力而行。

2. 西线：西千佛洞—阳关—玉门关—汉长城—雅丹魔鬼城

西线的景点较多，苍凉、悲壮是其主要基调。古老的西千佛洞，残缺的玉门关、阳关、汉长城，瑰丽诡谲的魔鬼城，共同诉说着敦煌的沧桑历史与美丽传奇。西线的行程较远，可以拼车或者包车出行，参加当地“一日游”的旅行团也是个不错的选择。

西千佛洞距离敦煌城区 35 公里，没有直达的公交车，只能包车前往，驱车大约 40 分钟即可到达。由于党河河水的常年冲刷，及一些人为破坏，西千佛洞的一部分洞窟已经损毁倒塌，现在留存的只有 16 个，其中一些无法登临，只能远眺。洞内与莫高窟相同，不允许拍照。

阳关遗址及阳关博物馆距离敦煌近 70 公里，驱车大约也需要花费 1 小时左右。景区包括阳关博物馆和阳关沙漠森林公园两个部分，面积较大，可以选择乘坐电瓶车或骑马游览。阳关博物馆内有免费讲解员，可以跟随讲解员了解阳关的历史文化。

从敦煌市区前往雅丹地质公园需要大约 2 小时的车程，沿途会经过玉门关遗址。玉门关、汉长城和河仓城实行联票制，可以集中游览。历经 2000 多年的风雨洗礼，如今这些汉代留存下来的遗迹已经空余残垣断壁，人们只能从历史的记录中去想象它们当年的雄壮巍峨。

雅丹魔鬼城景区不允许私家车辆进入，可以选择换成景区内的大巴游览北线，或租借越野车游览南线。随着车辆的行驶路线，一一观赏沿途出现的金狮迎宾、狮身人面、孔雀玉立、西海舰队等惟妙惟肖的风蚀景观，可以领略到大自然的造化神奇、鬼斧神工。

在安全问题上，由于戈壁地区地貌复杂，手机信号较为不稳定，孤身一人很容易与外界失去联系、迷失方向，因此一定要注意不要脱离人群！

3. 瓜州两日游：悬泉置—榆林窟—锁阳城塔尔寺—瓜州博物馆—东千佛

洞—敦煌

如果游客不想随着拥挤的人流，滞留在每一个景点排队，那不妨试试瓜州东线两日游。瓜州也是一个东进西出的交通枢纽，在汉武帝“列四郡据两关”时，就为敦煌所辖。玉门关、榆林窟、东千佛洞、悬泉置等景观都在这里。与拥挤吵闹的西线相比，这里的人流量少，更可以细味当地的悠久历史及文化韵味。瓜州的行程可以自驾或者包车。第一日可游悬泉置—榆林窟—锁阳城塔尔寺这三个地方。在瓜州休整一晚后，第二日可以沿着瓜州博物馆—东千佛洞—敦煌这条线路游。如果时间充足，还可以到敦煌附近的阿克塞老城和大小苏干湖。阿克塞老城是一座独具哈萨克族风情的老城，充满着一种沧桑颓废的年代感，据说电影《九层妖塔》就是在此取景拍摄的。大小苏干湖位于阿克塞县西北端，这里有秀美的盆地草原，有碧波荡漾的苏干湖，还有哈萨克牧民举办弹唱会的盛况，这里的星空、日落比敦煌城的更具有一番原始自然的风味，所以，和拥挤的西线相比，这里确实是旺季的一个好去处。

4. 丝绸之路经典六日游：黄河大桥—白塔山公园—正宁路小吃夜市—张掖大佛寺—丹霞国家地质公园—嘉峪关关城—鸣沙山月牙泉—敦煌影视古城—玉门关—沙州市场—莫高窟

游客如果想深刻探寻丝绸之路上的其他丝路遗珍，就可以尝试一下丝绸之路经典六日游的路线。第一天从兰州出发游黄河大桥—白塔山公园—正宁路小吃夜市。第二天去张掖大佛寺和张掖丹霞国家地质公园。第三天游嘉峪关关城。第四天到达敦煌，游鸣沙山月牙泉与沙州市场。第五天游敦煌影视古城—玉门关—沙州市场。第六天游莫高窟。与其他两条线路相比，这条旅游路线显得比较缓慢，跨越的距离和时间较大。但是这条路线也是最能探寻丝绸之路上的人文古迹和领略西域自然之美的路线。所以时间充足而又想深入探寻丝绸古道的游客可以选择这条路线。

链 接

悬泉置遗址，位于敦煌市东北 64 公里的戈壁滩上，是目前为止中国发现的最早的汉代邮驿机构。也是考古发现中的第一个相当于邮政局的遗址，这里出土的一封帛书也成为中国保存最完整的个人书信文物，出土的简牍详细记载了汉使与西域使节的往来、揭示了两汉西北边郡的政治形势、行政事物运作、地方邮传制度以及汉朝与西域关系等。

四、敦煌大美之现

随着敦煌之名在世界范围内打响，这片古老而神奇的土地吸引了越来越多的人前来探寻它的奥秘。敦煌也在这日益广阔的舞台中，不断寻找着全方位展现自己魅力的方式。舞剧、实景剧，就是敦煌文化在新时代中的尝试。把敦煌的历史、敦煌的故事进行了再创作，用更加生动的形式展现给了观众，以艺术手法展现着今天的“大美敦煌”。

（一）丝路花雨

《丝路花雨》是我国自 1979 年起首演的大型民族历史舞剧。该剧以中国唐朝极盛时期为时代背景，以举世闻名的丝绸之路和敦煌壁画为创作素材，博采各地民间歌舞之长，歌颂了老画工神笔张和歌伎英娘父女俩的光辉艺术形象，描述了他们的悲欢离合以及与波斯商人伊努斯之间的纯洁情谊，高度颂扬了中国和西域人民源远流长的友谊，再现了唐朝内政昌明，对外经济文化交往频繁的盛况。

该剧共有六场，故事情节波澜起伏，曲折动人。丝绸古道上的一场风暴过后，敦煌画工神笔张救起了快要昏死过去的波斯商人伊努斯，而神笔张的女儿英娘却被路霸窦虎抢走。出落得美丽动人的英娘被抢走后沦为舞伎，在街头卖艺，波斯商人伊努斯为救命恩人神笔张赎回了英娘。莫高窟里，画工神笔张以女儿的舞姿为原型，画出了代表作——反弹琵琶伎乐天。掌管贸易的市曹在壁画上看到了有着婀娜舞姿的英娘，想把英娘招进官府，占为已有。情急之下，神笔张把女儿托付给伊努斯到波斯避难。后来，伊努思奉命率商队使唐，英娘也相随回到祖国。市曹唆使戏班拦劫商队，神笔张点起烽火报警，自己却献出了生命。善恶终有果，在敦煌多国交易会上，英娘在伊努斯的帮助下借卖艺潜入会场，揭露了市曹等人的罪恶，大唐节度听后怒斩恶人，为民除害。

《丝路花雨》创作于 1979 年，编创者们从敦煌莫高窟的 2000 多尊彩塑、4 万多平方米壁画中寻找灵感，将一个个孤立静止的画面，编织成一个动人心弦的人间故事，一幅气象万千的历史画卷。此剧一经首演，就获得了空前的成功，被新闻媒介赞誉为“活的敦煌壁画，美的艺术享受”“此舞只应天上有，人间难得几回观”“为中国舞蹈剧开辟了新路”。此后多年，此剧在全国各地久演不衰，是东方艺术史上的一朵奇葩，并作为 20 世纪中国舞剧的典范，被载入中华民族艺术史册。2008 年 8 月，重新改编排练后的舞剧《丝路花雨》赴京参加 2008 北京奥运文化活动，一连五场演出，热烈而不息的掌声传递出观众 29 年来未曾中断的“丝路花雨”情结。

《丝路花雨》“复活”了沉睡千年的敦煌，也开启了一条传播中华文化之路。几十年间，《丝路花雨》先后赴英国、德国、法国、意大利、泰国、拉脱维亚、日本、朝鲜、韩国、美国、新加坡、蒙古、印度尼西亚等国进行巡演，在尊重原版的基础上，又以开放的文化态度进行了“入乡随俗”的改编。表演者根据欧美市场的欣赏习惯和巡演需要，压缩时长，删减部分剧情，加快了故事节奏，使其更加符合欧美观众的“口味”。此剧自 1979 年创排以来，历经近四十载，在 30 多个国家演出了 2800 余场，观众多达 400 万人次。巴基斯坦前总统齐亚、朝鲜前主席金正日、法国国民议会前议长梅尔马茨等领导都曾观看了《丝路花雨》的演出，并给予高度评价。

链 接

2017年5月，改版后的《丝路花雨》在敦煌大剧院实现常态化演出。“一部艺术作品到底魅力几何，最终还是要靠市场来检验。”甘肃省歌舞剧院院长陆金龙说，“《丝路花雨》的创作遵从的既不是政治主题，也不是商业诉求，而是唯美的艺术追求。”从《丝路花雨》中，我们看到的是历史上的敦煌在如今的艺术创作中焕发的新活力、新光彩，也是五湖四海人们对于敦煌文化的追求与热爱。

（二）敦煌盛典

《敦煌盛典》是我国于2015年8月完工并投入运营的实景剧项目，是全球首台“沙漠实景演出”。该剧以一段传奇的爱情故事为主线，通过借助鸣沙山、月牙泉及敦煌山庄建筑群等实景，运用墙体秀、裸眼3D、全息影像等现代舞美前沿科技，再现了古丝绸之路重镇敦煌历史文化与人文风貌，让观众穿越时空隧道，领略两千多年前敦煌的文化气息。

《敦煌盛典》演出时长75分钟，共包括六个篇章。序幕《大漠魂》，讲述了公主与画匠墨丁私定终生，却无法摆脱前去西域和亲的命运。第一幕《禅定·鸣沙山》，画匠墨丁历尽艰难险阻，一路向西，终于追寻到丝绸之路的重镇——敦煌，来追随他的爱情。第二幕《远走·敦煌城》，公主与随行舞女互换衣装，借着胡首迎亲欢庆之机伺机逃脱，与墨丁流浪于敦煌城的市井之间。第三幕《情牵·莫高窟》，胡首发现二人的藏身之所，公主被带回宫中，从此在深宫抑郁终老。墨丁将对公主的爱全部投入到自己绘制的壁画和雕刻的佛像中，终成大器，为丝绸之路留下了最辉煌的印记。第四幕《婵娟·月牙泉》，墨丁与公主的幻象在七夕的月光下起舞，仿佛还是多年前那对甜蜜的恋人。尾声《梦敦煌》，篝火映耀古城阑珊，华戎共舞梦幻敦煌。

《敦煌盛典》以独特的创意策划，浓郁的地域文化展示，前沿舞美科技表现手段等特点，在全国4402个申报项目中脱颖而出，成为国家艺术基金2015年度舞台艺术创作资助项目。传统舞台剧都是以虚拟搭建平台为背景，而《敦煌盛典》则是以实地场景为背景，背依鸣沙山地貌景观及周围的山脉走势。在这里，鸣沙山的奇峰显壑、空中的雾岚飞烟、壮观的沙山及山上的林木，都成为实景演出剧场的构成元素，真山真水，让观众置身于广阔的沙漠原野间，见证壮美的丝路爱情故事，在敦煌做一场“不醒的梦”。

《敦煌盛典》运用了独创的360度旋转并前后移动观众席，在鸣沙山33000多平方米的实景剧场里，安装了世界上体量最大的舞台机械设备、升降转台、上百个超大型灯光景片，座椅可随场景的变换前后移动旋转，使观看丝毫不受角度的限制，所有剧情一览无余，彻底颠覆了传统剧场舞台表演模式和观看形式。借助现代高科技声、光、电效系统的渲染，打造一个奇幻多姿、唯美奢华、空前壮观的艺术舞台，形成巨大的视觉冲击，达到震撼性的舞美效果。《敦煌盛典》还首次将3D全景墙体秀等城市表演元素融入实景演出中。演员仿佛悬挂在空中，令人匪夷所思、咋舌惊叹。演出现场安装了目前国内最大规模的环境艺术灯光工程，3000个特效灯光设备布满了整个山体，为观众创造出一种瞬息万变、光影淋漓的视觉艺术效果。

该项目着力打造一个历史与现实、文化与旅游、科技与人文相融合，兼具文化性、艺术性、娱乐化、大众化的旅游文化新境界。它把一个传统的人文景区，演化为一个充满时尚旅游气息又承载着传统文化灵魂的旅游胜地，让古老的遗迹旅游漫卷着文化的猎猎旗帜，激扬出无限的活力与魅惑，成就了一部文化与旅游融合发展的典范之作。

另外,《敦煌盛典》中还融入了许多传统文化的元素，如在演出中加入敦煌非物质文化遗产项目“打铁花”。敦煌“打铁花”与敦煌乃至河西走廊劳动人民的生产、生活和宗教信仰、节庆习俗密切相关，包含有丝绸之路古文明发展史上的冶铁、节庆、商贸、民间工艺等大量的古文化信息。“打铁花”的表演形式和操作过程充满了神秘和惊险气氛，技艺高超的工匠用柳木勺舀起熔化了的铁水，奋力向大树或墙壁甩去，铁水划出一道道美丽的弧线，碰撞在潮湿的墙壁上，遇空气发生强烈的氧化，发出耀眼的火花，发出噼噼啪啪的响声。灼热的铁水在半空中洒开，宛如一朵朵烟花凌空绽放，又如一颗颗流星迅速滑落,构成一幅幅壮丽的图景。《敦煌盛典》不仅再现了“打铁花”这一传统绝技，还以现代科技的表现手段使其更具有视觉的冲击力，场面恢宏壮观、流光溢彩。

清新婉约的“花钿舞”、铿锵璇踏的“柘枝舞”和富有民族特色的“胡旋舞”，也是《敦煌盛典》中引人注目的传统元素。跳珠撼玉的乐音、令人陶醉的舞姿、华丽复古的造型，高度还原着敦煌的古典气质，展现着盛唐歌舞艺术的魅力。傍晚，夕阳的映照使每一幢楼阁更显古朴雄伟，一串串大红灯笼随风摇曳，古老遒劲的胡杨树桩矗立其中。放眼望去，远处的鸣沙山和浓绿的白杨树林环抱着剧场，高原的天上霞光千里，翻卷而来。擂鼓声响起，大型沙漠实景演出《敦煌盛典》就此上演……